실패를 핑계로 도전을 멈추지 마라

포기하지 않고 **불가능성**을 움켜잡는 자신만만 **파워 승부사**

실패를 핑계로
도전을 멈추지 마라

이병현 지음

개미와베짱이

■ 차례 ■

실패 속에서 행복의 의미를 생각하라!

지금도 돌이켜보면 아찔한 기억들이 있다. 세월 속에서 사랑하는 이들을 잃었을 때도 그랬고, 생애를 바쳐 이뤘다고 생각했던 사업이 무너졌을 때도 그랬다. 도무지 잃는 것에는 익숙하지 않던 시절이었다. 달려가면 저 하늘 끝에라도 다다를 수 있을 것 같던 패기와 열정만 가득했던 때였다. 그래서 무언가를 잃고 나자 그 상처도 누구보다 컸던 것 같다.

그러나 지금은 사람에게는 성공의 기억만이 존재할 수도 없고, 그래서도 안 된다는 생각을 가지게 되었다. 실제로 나뿐만 아니라 대부분의 사람들에게도 "모든 것을 다 잃었구나!"라고 느끼고 무릎을 털썩 꿇었던 기억이 한두 번쯤은 될 것이다. 당신이 만일 그런 기억을 가지고 있다면 가만히 생각해볼 필요가 있다. 그때 나는 무엇을 했는가, 그때 어떤 행동을 하고 어떻게 그 실패를 이겨냈는가?

그리고 금방 깨달을 것이다. 그때의 내 행동과 생각이 지금의 모습을 결정짓는 계기가 되었다는 것을 말이다. 내 경우는 그런 생각을 할 때면 언제나 한 가지 사실을 장담하게 된다. 만일 그때 내가 포기를 선택했더라면 지금보다 훨씬 나빠졌을 것이라고 말이다.

이처럼 과거라는 것은 손아귀 힘이 강해서 가끔 현재와 미래, 모두를 쥐고 흔든다. 특히 실패의 경험은 더욱 그렇다. 그럴 때 그 손아귀의 힘을 발목을 붙잡는 장애가 아니라 강력한 추진력으로 바꿀 수 있는 방법은 없을까? 내가 이 책을 쓰게 된 것도 바로 위의 질문에 답하기 위해서였다.

IMF 이전 나는 한 해 매출 150억을 올리는 주방기기 사업체에서 이른바 '사장 노릇'을 했다. 차근차근 이뤄온 성공이었기에 무너질 일이 없을 줄로만 믿었다. 하지만 성공의 가도는 한 개인의 완력과 지력만으로 움직이는 것이 아니라 사회적 위기라는 변수가 늘 도사리고 있다. 그것이야말로 '사업'이라는 직업이 가지는 최고의 리스크라는 것을 나는 그 이후에야 깨달을 수 있었다. 아무리 발로 뛰어 막아보려고 해도 수많은 기업체들이 연이어 도산하는 상황에서 도무지 솟아날 구멍 따위는 없었다. 설사 있었다 해도 그것이 내 몫으로는 주어지지 않았다.

내가 잘못해서 잃는 것은 어느 정도 그 실패를 인정하는 것이 쉽다. 그러나 내가 잘못한 것이 아닌데도 삶의 큰 부분을 잃어야 한다는 것은 상상 이상의 고통을 몰고 온다. 단순히 과거와 현재를 잃는 것만이 아니라 미래까지도 잃게 되기 때문이다. 그리고 그때 내가 직면했던 실패는 내 삶의 방향을 상당 부분 바꿔 놓았다. 그때부터 나는 흔한 말로 좀 더 앞뒤를 잘 재어보게 되었고, 강한 열정만큼이나 대비책이 중요하다는 것도 깨달았다. 누구를 믿는 것보다도 스스로 강한 것이 중요하다는 것도 알았다. 여기서 중요한 건, 이 깨달음을 그대로 소모하지 않고 다시 일어서는 것이었다. 그런데 그게 가장 어려웠다. '다시 시작하자는 마음먹기'가 가장 힘들었던 것이다.

다시 사업체를 꾸리고 지금까지 오는 데까지 참 많은 어려움이 있었다. 그 모든 것을 이야기하자면 아마 책 몇 권으로도 모자랄지 모른다. 그러나 나는 실패 속에서 또 한 가지를 배웠다. 그것은 그 어떤 교실에서도 배울 수 없는 '겸허함'이었다. 내 아픔은 온전히 나의 것인 만큼 내가 그것을 이겨내고 나면 더 이상 '아픔'이 아니라 '경험'이 된다. 그리고 지금부터 내가 이야기하려는 것은 그 '경험' 속에서 깨닫게 된 일종의 원칙들이다.

나는 IMF 이후 무엇보다도 실패를 극복하고 실패를 통해 발전하려면 성공과 실패에 대한 충분한 이해가 있어야 한다고 생각하게 되었고, 그 기본적 지식을 통해 그것이 어느 누구한테나 일어날 수 있는 일이며, 그것을 스스로 또는 사회적으로 치유하는 일이 필요하다는 것을 알았다. 예를 들어 나이가 들면서 나는 정말로 이 세상이 많이 변했다는 것을 느낀다. 얼마 전 지인인 한 초등학교 교사로부터 요즘 아이들에게 꿈이 뭐냐고 물으면 반 이상이 "돈 많이 버는 것"이라고 대답한다는 이야기를 듣고, 적잖이 놀라지 않을 수 없었다. 물론 여러 의미를 종합해보면 성공이란, 첫째는 금전적인 성공이고, 둘째는 지위 권력의 성공이며, 셋째는 명성·명예로부터 얻는 성공일지도 모른다. 그러나 이 모두를 생각하기 전에 우리는 삶이란 성공과 실패 모두를 가진 양면의 거울임을 알아야 한다.

물론 요즘 시대에 유행하는 '성공'이란 작고 큰일에 실패하는 것이 성공에서 멀어진다고 여기는 것일지도 모른다. 그러나 나는 이와는 반대에 가까운 생각을 가지고 있다. 나는 실패를 경험한 사람들, 그리고 역경을 극복한 사람들이야말로 단순한 길을 걸어 성공한 사람들보다 훌륭하다고 믿기 때문이다. 실패의 경험들은 기억에 오래 남아 우리를 교만하지 않게 통제하고 다듬어주며 그것을 토대로 새로운 자기 계발을 통하여 지속해나가도록 독려해주지 않는가. 또한 그런 이들은 그 쓰라린 경험을 통해 "돈 많이 버는 것"이 초등학생들의 꿈이 되어 버린 이 사회에서 "돈 많이 버는 것"보다 중요한 게 있다는 사실을 자연스럽게 깨닫게 될 것이다. 누구나 공인하듯이 실패야말로 우리 인생의 훌륭한 스승이다.

우리는 살아온 날보다 살아갈 날이 많다. 심지어 칠순 팔순을 넘은 노인들에게도 삶이란 여전히 소중하고 빛나는 것이다. 그것은 만고 불변의 진리다. 중요한 것은 성공에서도, 실패에서도 변함없이 그 삶의 가치를 찾아내려는 노력과 힘이다. 그리고 그런 힘은 바로 성공과 실패에 대한 올바른 기본 지식과 행동을 익히는 일에서 시작한다.

이 책은 바로 그것에 대비하여 할 수 있는 실천에 대한 내용이며 실패에 대한 하나의 행동 매뉴얼이자 조직 속에서 더 나아가 사회 속에서 실패에 대비하고 그 안에서조차 행복을 찾으며, 동시에 자기를 계발하고자 하는 이들을 위한 책이다. 부족한 글이나마 이것을 펴낼 수 있게 된 데 대해, 나는 마음 깊이 감사의 마음을 가지고 있다. 그리고 이 책이 나오기까지 많은 도움을 주신 개미와 베짱이의 임직원 모두에게도 또한 감사를 전한다.

실패를 핑계로
도전을 멈추지 마라

늘 즐거운 '또 다른 나' 찾기

방법을 택해 시도해보는 것은 상식이다.
실패한다면 그것을 솔직히 인정하고 다른 방법을 시도해보라. 하지만
무엇보다도, 일단 시도해보라.

- 프랭클린 루스벨트

삶이라는 것은 기쁨도 주지만 슬픔 또한 전하고 있다. 나 역시 곰곰이 돌이켜보면 지난 세월 동안 마음에 작고 큰 상처들을 입었던 기억이 난다. 그리고 오랜 세월을 거치면서 어려운 일에 대처하는 능력이 아무리 늘었다고 한들, 나 역시 막상 일이 닥치면 아무 의욕도 나지 않고 의기소침해진다. 마음이 힘드니 몸도 무거워져서 분주히 움직이던 발걸음이 멈추어져 맥 빠진 얼굴로 멍하니 있게 되는 것이 현실이다.

대개의 사람들은 급박한 상황에 닥치면 감정이 행동을 지배한다고 믿게 된다. 그래서 게으름도 결국 마음의 번잡함 때문이라고 생각해, 그저 마음이 가벼워지기까지 수동적으로 기다린다. 그러나 그 무거운 마음을 오히려 행동으로 바꿀 수 있는 방법이 존재한다면 어떨까?

몇몇 심리학 전문가들에 의하면, 감정이 행동을 지배하는 경우보다는 행동이 감정을 지배하는 경우가 훨씬 많다고 한다. 즉 유쾌하지 않더라도 유쾌한 것처럼 행동하고 말하면 실제로 유쾌해질 수 있을 수도 있다는 뜻이다.

여기 내가 아는 K 사장을 보자. 그 사람은 아무리 전날 힘든 일이 있다 해도 다음날 아침이 되면 크게 웃는 것으로 유명하다. 전날의 괴로웠던 나와 새로운 아침에 일어난 나 사이에 거리를 두고 새로운 하루를 맞이하는 것이다. 그는 아침 조깅을 하면서도 '나는 행복하다. 나는 최고다.'를 복창하고, 출근할 때는 콧노래를 부르고, 사무실로 들어서면 직원들에게 "좋은 아침입니다. 즐거운 날입니다. 오늘도 힘차게 일합시다."라고 반갑게 인사한다. 그리고 사장으로부터 그 말을 들은 직원들까지 활기가 넘치고, 모두들 기분 좋게 일을 시작한다. 즉, K 사장은 감정을 조절하도록 도와주는 또 한 사람의 자신을 창조해내 괴로움 속에 바지지 않고 긍정적인 힘을 만들어내는 셈이다. 미국의 한 유명한 프로야구 선수도 비슷한 말을 한 적이 있다. 그는 이렇게 말했다.

"내가 홈런을 많이 칠 수 있는 것은 공을 던지는 입장에서 공을 치는 내 동작을 바라보는 또 한 사람의 내가 있기 때문이다."

그는 힘든 경기를 치러낼 때마다 자신의 공을 지켜보는 또 다른 나를 창조했다. 무슨 말이냐 하면 자신이 공을 던지는 모습을 누군가

지켜본다고 생각해 공을 던질 때 실수를 최대한 줄이고 스스로를 격려했던 것이다. 이처럼 그는 또 다른 자신으로 하여금 어려운 순간을 함께 이겨내도록 했으며 스스로를 통제할 수 있는 힘을 발휘했다. 즉 아무리 힘들 때도 우리는 그냥 주저앉는 대신 나를 바라보는 또 다른 나로 하여금 지친 내 손을 잡아끌도록 만들 수 있다.

그러나 이처럼 자신을 통제하려면 우선적으로 해야 할 일이 있다. "나는 문제 한가운데 홀로 있는 것이 아니며, 그것을 이겨낼 충분한 힘이 있다."고 강하게 자각하는 것이다. 이것은 비관적인 사고는 멀리 던져버리고, 제일 짧은 단위인 하루하루를 그 또 다른 나와 더불어 가장 충실하게 살아나가는 일이라 할 수 있다.

버나드 쇼는 한때 이런 말을 했다고 한다.

"문제란, 문제라고 생각하기 때문에 문제인 것이고, 문제화할수록 문제가 된다."

다시 말해 아무리 큰 문제가 닥쳐도, 그것을 인식하고 해결하는 것은 어디까지나 자신이라는 사실을 잊지 말아야 한다. 즉 문제 해결의 열쇠는 바로 나에게 있으며, 대범하게 마음을 먹고 상황을 바라보면, 그토록 커다랗게 느껴졌던 문제들이 실상은 아주 작은 것이었음을 깨닫게 될 수도 있다. 게다가 내게는 그 문제를 함께 이겨내 줄 '또 다른 나'라는 든든한 친구가 있다는 사실도 잊어서는 안 될 것이다.

2 chapter 성공한 이들의 발자국을 살펴라

기쁨도 고통도 없는 나약한 정신의 소유자처럼 살기보다는 비록 실패로 얼룩진다 해도
큰 일을 감행하고 영광의 승리를 거두는 것이 낫다.
왜냐하면 나약한 사람들은 승리와 패배가 없는
회색의 미명 속에 살고 있기 때문이다.
삶의 기쁨은 그것을 요구할 줄 아는 정신을 소유한 사람들의 것이다.
- 테어도어 루스벨트

이 세상에 태어날 때부터 천재인 사람은 없다. 티브이에 등장하는 영재나 신동들 또한 태어날 때부터 피아노를 잘 치고 수학을 잘했던 것이 아니라, 자라난 환경 속에서 그 같은 특정한 능력이 만들어지고 우연찮게 그 재능이 일찍 발견된 경우들이 더 많다.

세기의 학자 아인슈타인도 대학 시험에 실패한 경험이 있고, 에디슨은 초등학교도 졸업하지 못했다는 사실을 떠올려보자. 즉 한 분야에 능한 사람이 되고 싶다면, 마냥 천재성을 기대하거나 상황을 탓하지 말고, 그 분야의 최고 전문가처럼 행동하고 생각하는 것이 더 현실적이라고 할 수 있다. 어떤 상황에 닥쳤을 때 '내가 만일 그 사람이었다면 어떻게 생각했을까?' 라고 자문해보고, 그래도 부족하면 목표하는 인물들의 행적을 찾아보는 것이다. 이는 경영 방침이나 제품 기획에서 뿐만 아니라 인격이나 실력에서도 벤치마킹

(Benchmarking)이 가능하다는 것을 보여준다.

그렇다면 우리 주위에서 말하는 벤치마킹은 무엇인가?

쉽게 말해 벤치마킹이란 남이 잘하는 분야를 재빠르게 모방하여 배우는 것을 말한다. 그러나 이 벤치마킹을 하려면 앞서 생각해봐야 할 점이 있다. 과연 내가 누군가를 닮고 따라할 수 있을 만큼의 욕심과 열정을 현재 가지고 있는가이다. 내가 이 말을 꺼내게 된 것은, 얼마 전 한 놀라운 설문조사 결과를 봤기 때문이다.

그 조사는 20~30대 직장인을 대상으로 CEO의 꿈을 가진 사람의 비율을 조사한 것이었는데, 그 결과 오직 10% 미만의 사람들만이 CEO를 원한다는 답이 나왔다. 그리고 그 중 절반 이상은 가정의 행복이 사회적 성공이나 명성보다 중요하다는 모호한 대답을 했다고 한다.

그 설문조사를 보면서 가장 먼저 든 생각은 "정말 그들이 가정의 행복을 중요시해서 사회적 명성을 포기한 것일까?" 였다. 사회적 명성을 얻고도 가정에 충실한 사람이 있는가 하면, 성공하지도 못하고 가정에도 불충실한 사람들도 얼마든지 있기 때문이다. 사실 사회적 성공과 가정의 행복을 대립 각으로 구분하는 것은 어리석은 일이다. 많은 이들이 공감하듯이 사회적인 명성이 얼마간은 가정의 행복을 가져오기도 생각한다. 또한 가정의 행복이 든든한 뒷받침이 되어 사회적 명성으로 발전하기도 한다. 즉 나는 그 설문조사를 보면서 많은 사람들이 자신의 텅 빈 욕망을 '가정의 행복' 이라는 베일 속에 가리려 드는 것은 아닌가 생각해보게 되었다.

그렇다면 지금부터 한 사례를 보자. 바로 이레전자의 정문식 사장이다.

그는 90년 초, 신림동의 허름한 5평 창고에서 영세한 전선 가공 일을 시작했다. 그리고 이를 휴대폰과 PDP TV 등의 첨단 디지털 제품 사업으로 발전시켜 10여 년 후 6천 여 평의 공장으로 키워냈다. 그 동안 고작 2명이었던 직원은 1천 여 명의 대가족이 되었다. 그렇다면 그가 걸어온 길이 과연 순탄했을까?

대강 보기만 해도 감이 오겠지만, 그 역시 그간 수많은 좌절과 절망을 겪었고, 그럴 때마다 포기하고 싶었던 적이 한두 번이 아니었을 것이다. 하지만 그에게는 든든한 지원이 있었다. 듣자 하니 그는, 자신이 매번 어려움을 이겨낼 수 있었던 것은 어릴 적 공장을 전전할 때 많은 구박(?)을 아끼지 않았던 인생 선배들 덕이었다고 한다. 평생에 걸쳐 그들이 몸소 보여준 삶을 닮아간 덕분에 오뚝이처럼 일어설 수 있었다는 것이다.

이른바 '비빌 언덕에 비벼라' 라는 말이 있다. 그러나 그 비빌 언덕이 언제나 알아서 다가와주는 것은 아니다. 그럴 때 내게는 비빌 언덕이 없다고 투덜대는 이들이 있는데, 우리는 부디 그러지 말자. 우리는 얼마든지 우리 손으로도 직접 그 언덕을 만들 수 있다. 열정을 품고 나보다 앞서간 이들의 자취를 쫓고 그를 닮아가려 노력하는 가운데 더 많은 것을 얻어갈 수 있다. 그리고 그 과정에서 우리는 성공을 이룬 선배들이 그저 운이 좋아서가 아님을 깨닫게 될 것이며, 그들이 보통 사람보다 더 열정적이고 긍정적이며 근면, 성실했다는 점을 알게 될 것이다.

정문식 사장 역시 자신보다 앞서 걸어간 이들의 삶을 교훈 삼아 오랜 기간의 학습을 통해 비슷한 흉내를 낼 수 있었다고 회고한 바 있다. 이런 면에서 볼 때 성공이란 늘 새롭고 창조적인 삶에서만 오는 것이 아닐지도 모른다. 다만 누군가의 발자국을 성실하고 근면하게 밟아가는 것도, 창조성을 발휘하는 것만큼 힘들고 가치 있는 일일 수도 있는 것이다.

3 chapter 스스로를 조절하고 다독이기

사람들은 항상 패배한다. 우리는 싸움에서 패배한다.
가족들도 잃게 된다. 하지만 그러한 패배와 상실에서
다시 일어나는 것도 우리이며, 삶의 품격을 드러내는 것도 우리이다.
- 마이크 타이슨

평상시에는 그다지 훌륭해 보이지 않던 사람이 불가능하다고 생각했던 어려운 난관을 거뜬히 넘어서 주위의 사람들을 놀라게 하는 경우를 본 적이 있지 않은가? 그럴 때 사람들은 이를 '일취월장'이라고 하며 놀라워하면서도 "운이 좋았다."고 말한다. 반대로 분명히 할 수 있으리라고 생각한 사람이 도전에 실패하는 경우도 있다. 이 때도 대개는 "그가 운이 나빴군."이라고 말하는 경우가 많다. 하지만 이처럼 실패나 성공을 단순히 우연적인 사건이나 운의 문제로 치부하는 것은 문제가 있다. 여기에는 그런 운뿐만 아니라 엄연히 심리적인 원인들이 존재하기 때문이다.

먼저 평소에는 그저 그랬는데 큰일에서 갑자기 대범해지는 사람들이 있다. 그런 이들은 대개 실력은 있지만 평소에 이를 충분히 발휘하지 못한 경우라고 할 수 있다. 이런 이들에게는 작고 큰 성공의 데이터를 꾸준히 모아 스스로에게 자신감을 불어넣는 치유 방법이 필요하다.

반대로 평소에는 잘 하다가 어떤 중요한 일에서 의외의 실패를 하는 사람들도 있다. 그런 이들은 지나친 자신감이 실수를 만들거나 상황 파악에 오히려 방해가 된 경우다. 즉 두 경우 모두 자신의 능력을 정확히 이해하고 발휘하는 자기감정 컨트롤이 필요한 셈이다.

그렇다면 이 같은 자기감정 컨트롤에서 가장 중요한 것은 무엇일까? 많은 이들이 성공의 경험이라고 생각하기 쉽지만, 정답은 놀랍게도 '실패나 실수의 경험'이다. 특히 위의 사례에서 후자의 경우, 즉 평소에는 잘 하다가 가끔 실수하는 사람들은 이를 마음 깊이 명심할 필요가 있다. 예를 들어 성적이 우수하고 실수가 적었던 사람은 혼란스럽거나 어려운 순간에 대해 내성이 없어서 감정이 잘 흐트러진다. 어리광을 부리며 자랐던 아기들이 자기감정을 잘 조절하지 못하는 것도 그와 비슷한 이치라고 할 수 있다.

반대로 자신감이 없는 사람의 경우는 자기 비하를 조절할 필요가 있다. 실패를 하고도 이를 이겨내는 강인한 정신력을 키워야 하는 것이다. 실제로 그런 이들은 아무리 원대하고 장기적인 계획을 세웠다가도 눈앞의 잡다한 일들에 걸려 정작 중요한 일은 포기하는 경우가 많다. 장기 계획보다는 당장 내일의 일이 마음에 걸리는 경우도 있을 것이며, 편지의 답장이나 병문안처럼 사소한 생활에 지쳐버리는 경우도 있을 것이다. 이 모두는 성공을 향한 심리적인 면에서 볼 때 상당한 마이너스 요인이 될 수 있다.

한 예로 미국의 펜실베이니아 대학 교수인 스톡 박사는 뭔가 하지 않으면 안 된다는 의무감에서 생겨나는 긴장이 노이로제를 불러일으키는 중요한 첫 번째 원인이 된다고 강조했다. 따라서 이러한 상태에서는 아무리 잡념을 쫓아버려도 학습 능률이 잘 오르지 않게 된다. 그런데 놀라운 것은, 이처럼 능률을 떨어뜨리는 원인을 찾아보면 오히려 코앞의 사소한 일인 경우가 많다는 점이다. 단지 그들은 이 사실을 깨닫지 못하고 있을 뿐이다.

예로, 영국의 유명한 철학자 버트랜드 러셀은 뭔가 어려운 문제에 대해 써야 하는데 여러 날을 필사적으로 고심해도 해답이 좀처럼 나오지 않을 때는 "그만 둬버려."라고 자신에게 명령하고 깨끗이 잊어버리는 습관을 가지고 있다고 한다. 그리고 몇 달이 지난 다음, 그 문제를 의식적으로 다시 들춰 보면 의외로 쉽게 아이디어가 떠올라 다시 글을 쓸 수 있었다고 한다. 즉, 의식에서는 완전히 지워버렸지만 그 잠재의식이 계속 작동해 문제 해결을 이끌어낸 것이다. 그리고 이처럼 유명한 대학자 역시 이런 나름의 방법을 계발하기 전까지는 같은 문제로 수개월을 헛되이 보낸 경우가 많았던 만큼, 우리 자신도 나름의 문제 해결 방법을 찾기 위해 노력해야 한다.

예를 들어 아무리 해도 풀리지 않는 문제를 놓고 자신을 괴롭히는 것보다는 일단 골치 아픈 상황에서 신속하게 탈피하는 것도 하나의 방법이며 자기 감정의 조절이다. 그렇게 자기도 몰랐던 무의식의 세계에 문제를 내던졌다가 얼마 안 가 돌이켜보면 "아! 그랬던가!"라는 생각이 들 수 있는 것이다.

이제부터 나를 지치게 하는 문제, 아무리 생각해도 풀리지 않는 문제는 과감하게 던져버리자. 자신감과 자기통제를 적절히 활용해 균형 잡힌 삶을 영위해가는 것, 그것이야말로 성공과 실패를 떠나 가치 있는 삶을 꾸려가는 하나의 방법일 것이다.

당당함이 인생을 결정한다!

4
chapter

> 돌이킬 수 없는 불행한 사고 후에 이렇게 되지 않을 수 있었다느니,
>
> 조금만 주의했더라면 방책이 있었을 거라느니 등등의 생각에 몸과 맘을 태우지 말라.
>
> 이 같은 생각이야말로 참을 수 없을 정도로 고통을 크게 할 뿐이다.
>
> 이미 바꿀 수 없는 과거의 불행한 사고는 빨리 잊도록 하자. 오히려 그것을 디딤돌로 하여 더 멀리 뛰자.
>
> - 쇼펜하우어

　흔히들 직업에는 귀천이 없다고 하지만 우리가 사는 현실은 사실 그렇지만은 않다. 아직도 우리 사회는 화이트칼라는 품위 있는 직업이라고 생각하는 반면, 블루칼라는 힘들고 지저분한 직업이라고 생각하는 사람이 더 많기 때문이다. 상황이 이러니 모두들 화이트칼라가 되려고 기를 쓰고, 자식들도 그렇게 키우려 하는 것도 무리가 아니다. 그러나 모든 사람들이 그런 것만은 아니다. 여기서 한 사례를 보자.

　한때 한 그룹의 부회장이었던 이가 호텔 웨이터를 한다고 해서 장안의 화제가 된 적이 있었다. 그 주인공은 바로 삼미그룹 부회장 출신의 서상목 씨였다. 사실 부도가 나긴 했어도 아무튼 한 대기업의 경영자였던 이가 호텔 웨이터 일을 시작한다는 것은 결코 쉽지 않은 결심이었을 것이다. 그런데 정작 본인은 이것을 당연하게 받아들여

서 주변 사람들을 깜짝 놀라게 했다. 서 씨는 "이제 나는 대기업 부회장도 아니고 아무것도 아니다. 그런데 평소부터 하고 싶던 웨이터를 하는 것이 나로서는 당연하면서도 다행스러운 일이다."라고 말했다. 또한 "이제는 직업에 대한 고정관념을 버려야 할 때"라는 충고까지 아끼지 않았다.

그리고 이는 남녀노소 모두에게 새로운 화두를 던지는 사례가 되었다. 최근 우리나라의 실업 인구가 무려 200만 명을 넘는다고 한다. 그러나 이 와중에도 정작 3D 업종은 심각한 일손 부족 현상을 겪고 있다. 심지어 가끔 찾아오는 이들도 열악한 환경에 하루를 채 버티지 못하고 떠나버린다는 것이다. 사실 이는 육체의 고통 때문이라기보다는 고정관념의 고통으로 인한 결과라고 보는 쪽이 옳을 것이다. 화이트칼라나 블루칼라나 사회에 기여하는 구성원이라는 인식이 제대로 자리 잡히지 않은 탓이다. 그러나 어느 시사 코미디프로그램의 한 제목처럼 "내가 왕년에 누구였는데……."라는 생각만 가지다가는 어떤 장애물도 넘을 수 없게 된다.

한 사례로, 피터 드러커가 24세가 되었을 때의 일이다. 어느 보험회사에서 증권 분석사로 일하던 그는 얼마 후 그 능력을 인정받아 작은 은행의 파트너 비서로 스카우트되었다고 한다. 그러던 어느 날 그의 파트너가 그를 불러 "자네, 왜 이렇게 일을 제대로 못해내지?!"라고 야단을 쳤다. 그리고 억울해 하는 드러커에게 이렇게 덧붙였다.

"자네의 잘못은 과거 증권 분석사 시절에 하던 그대로 하려 든다는 데 있어. 새로운 직무에서 효과적으로 업무를 하려면 뭘 해야 할지를 먼저 생각하게."

드러커는 이 일화를 자신의 인생을 바꾼 7가지 경험 중 하나로 소개하면서, 과거에는 유능했던 사람이 갑자기 무능해지는 이유를 "과거의 성공 방식에 얽매여 있기 때문"이라고 강조했다. 정작 해야 할 일은 못찾고 헛다리만 짚으니 아무리 열심히 해도 실패할 수밖에 없다는 것이다.

사실상 회사에 부장, 임원, 사장 같은 직급의 분류가 있는 것도 다 이 때문이다. 즉 새로운 직급으로 승진하고 나면, 누구나 과거에 자신을 성공으로 이끌었던 비결을 잊고 처음부터 시작해야만 그 직급에 걸맞은 새로운 업무를 해나갈 수 있다.

한때 '사장 노릇'을 했다가 실패한 이들을 보자. 그 대다수는 실패 후에는 은둔자로 살아가거나 자기 몫을 해내지 못해 절망에 쌓인다. 그때 이들이 결코 떨쳐내지 못하는 것이 바로 이 '과거'다. 하지만 이것은 사실 자랑도 밑천도 못되는 것들이다. 혹 밑천이 된다고 해도 그건 남들의 일시적인 평가일 뿐이다. '한때 사장'에서 다른 일을 시작하려면 새벽부터 몸으로 때울 줄 알아야 하고, 시장통에서 물건 값을 놓고 싸울 줄도 알아야 하고, 대기업 말단 사원에게도 고개를 숙일 수 있어야 한다. 그것이 만일 내 자신의 새로운 행보에 반드시 필요한 일이라면 말이다.

이런 마음가짐은 사장 개인뿐만 아니라 기업들에게도 마찬가지다. IMF가 닥쳐왔을 때 가장 먼저 망한 기업들은 주로 이전 방식으로 안이하게 대처했던 기업들이었다. 돈 되는 것도 팔아야 할 판에 눈덩이 같은 빚으로 사업체를 늘리려 들거나 겉치장에만 몰두하던 회사들은 대개 축출을 당했다. 그들은 이미 지나간 성공의 경험에 사로잡혀 엄혹한 현실을 잊고 만 것이다.

그렇다면 지금은 어떤가? 물론 지금은 IMF 당시와 비교하면 훨씬 좋은 상황에서 성장 잠재력을 확충할 수 있는 시기다. 그렇다면 이 시기에는 구조조정기의 성공 경험조차도 잊어야 하며, 또 다른 출로를 찾아 가보지 않은 길을 가야 한다. 다시 말해 성공의 경험은 장기적인 것이되, 성공 그 자체는 일회적이다. 성공했다는 사실을 자신감으로 이어가되 그것을 만능의 솔루션으로 생각해서는 안 된다는 의미다. 성공도 변화하고 발전한다는 사실을 반드시 기억해야 한다.

자기 브랜드를 쌓아라

리더는 태어나는 것이 아니라 만들어지는 것이다.
리더는 다른 것과 마찬가지로 엄청난 노력을 통해 만들어진다.
리더라는 목적을 달성하기 위해 우리는 값을 치러야 한다.
-빈스 롬바르디

　우리는 소심하고 내성적인 여자 사원은 결코 최고의 리
더가 될 수 없을 것이라고 생각한다. 과연 정말 그럴까?

　언뜻 불가능한 일 같지만 이는 엄연한 사실이며, 실제적인 사례도
존재한다. 바로 광고업계에서 잘 알려진 여성 임원인 제일기획 최인
아 상무다. 그녀는 한 인터뷰에서 "소심하고 내성적인 여자도 최고
의 리더가 될 수 있다."고 말해서 커다란 주목을 받았다. 권위적인 리
더십이 강조되던 시대에 '내성적인 여자 리더' 라니 그야말로 신선
한 리더십 키워드가 아닐 수 없었다. 그런가 하면 얼마 전 국내 여성
공직자의 리더십에 대해 분석한 결과를 책으로 펴낸 박통희 이화여
대 행정학과 교수도 최인아 상무에 대해 비슷한 말을 하고 있다.

　박 교수는 그의 제자들과 민간 기업에서 성공한 여성 전문가의 리
더십을 분석하면서 최인아 상무를 그 대상으로 삼았는데 이 논문은

실로 놀라운 결과를 담고 있다. 박 교수와 그 제자들의 이 연구 논문은 이화여대 '사회과학연구논총'에 실리기도 했으며, 그에 의하면 제일기획 최인아 상무는 80년대 평사원인 카피라이터에서 출발해, '그녀는 프로다. 프로는 아름답다.(베스띠벨리)'라는 카피로 점차 그 이름을 알리기 시작했다고 한다. 또한 이후 최인아 상무는 '빨간색이 좋아져요.(홍삼원)', '당신의 능력을 보여주세요.(삼성카드)' 등 수 많은 광고를 히트시킨 후 카피라이터이자 삼성그룹 최초의 공채출신 여성 임원이 되었다.

그렇다면 연구자들이 분석한 최인아 리더십의 가장 큰 핵심은 무엇일까? 이에 대해 박 교수는 최인아 상무야말로 '성과를 최우선으로 하는 여성적 프로페셔널리즘'의 선구자라고 말한 바 있다. 남성중심의 직장문화를 공격적 방식이 아닌 합리적이고 점진적 방식으로 바꾸고 인간관계보다는 성과로 승부하는 전략을 구사했다는 것이다. 이를테면 그녀가 신입사원 시절에는 기꺼이 커피 심부름까지 하면서도 상사가 되었을 때는 권위적인 모습을 전혀 보이지 않았다는 대목은 가히 인상적이었다.

또한 그녀는 부하직원들과 이른바 '이중적 관계'를 지속적으로 유지하는 것으로도 유명했다. 일면에서는 '차갑다'는 말을 들을 만큼 사사로운 감정은 배제하되 비권위주의적인 방식을 고수했던 것이다. 별명이 '조곤조곤'인 만큼 강압적이지 않으면서도 집요하게 설득하고, 목소리도 크지 않게 부드럽게 접근하는 대화법을 선호했다. 또 부하가 큰 실수를 저지른 경우에도 '큰소리'를 내기 전에 차분히 대안부터 마련하는 스타일이었다고 한다.

그러나 이 연구에서 무엇보다도 주목할 부분은 따로 있다. 그것은 바로 최 씨의 성격이 '내성적이고 비사교적이어서 인간관계의 폭이 좁았다.'는 점이다. 흔히 리더의 덕목과는 어울리지 않는 부분이다. 박교수는 이에 대해 최 씨의 사례는 "리더십=카리스마라는 기존 선입견을 무너뜨렸다."며 "여성들이 기존의 남성 중심 리더십 스타일에 좌우되지 말고 자신의 개성과 일의 영역에 따라 얼마든지 리더십을 계발할 수 있음을 보여준다."고 말한다. 즉 최인아 상무는 권위적이고 지배력이 커야 임원이 된다는 통념을 깨뜨린 사례였다. 그런가 하면 얼마 전 변화경영 전문가 구본형 씨가 자신의 저서에 쓴 다음과 같은 글귀도 음미해볼 만하다.

"직장인은 죽었습니다. 더 이상 전통적인 의미의 샐러리맨은 존재하지 않지요. 자기 내부의 조직적인 속성을 제거하고 부활해야 합니다. 이제는 스스로 CEO처럼 생각하고 행동할 때입니다."

즉 '조직 인간'으로부터 벗어나 자신만의 브랜드를 계발해 삶의 후반부를 새롭게 시작해야 한다는 뜻이다. 실제로 요즘 같은 시대에 시키는 일만 하는 타성에 젖은 직장인들은 결국 정리해고로 떠나거나 앞서 떠난 동료들의 일까지 떠맡아 두 배로 바빠지게 된다. 그러니 일을 하는 즐거움은 오히려 반으로 줄어든다. 이에 대해 구본형 씨는, 직장인들이 할 수 있는 일은 '고용당하다.' 는 개념을 극복하고 스스로를 고용하는 방법밖에 없다고 강조한다. 즉 자신을 해당 직무의 개인 사업자로 생각하는 1인 기업 모델을 구축하라는 것이다. 예를 들어 스스로를 고용된 직원이라고 여기지 않고 1년간 회사와 계약을 맺고 서비스를 담당하게 된 1인 기업 CEO라고 생각하는 것이어야 한다. 영업사원도 없는 판매대행 서비스 계약을 체결한 CEO 이니, 이 자리를 지키기 위해서는 당연히 자신을 적극적으로 세일즈해야 할 것이며, 기업을 파트너로 여겨야 할 것이다. 즉 기업들이 독자적인 브랜드를 만들어 내듯 스스로도 자신의 브랜드를 계발해야 할 것이다.

이처럼 마음가짐과 내 포지션을 바꾸는 것만으로도 자신의 브랜드 쌓기는 얼마든지 가능하다. 다만 변화를 방해하는 가장 큰 걸림돌은 언제나 그 자신이다. 과거의 나, 고정관념 속의 나로부터 벗어나는 것이야말로 스스로 할 수 있는 혁명의 시작이다. 그리고 이때 플러스를 제외한 모든 것을 비우고 다시 채워야만 무기력한 삶에서 벗어나 자기 브랜드를 이루는 바탕을 쌓을 수 있다.

예를 들어 구본형 씨는 하루를 22시간이라고 말한다. 나머지 2시간은 양보할 수 없는 자기만의 시간이며 누구도 침범할 수 없는 자기계발 시간이니 따로 빼두어야 한다는 것이다. 또한 바로 이 같은 투자가 한 사람의 미래의 깊이와 넓이를 결정한다고 말한다. 사실 어떤 하나에서 달인이 되면 돈과 명예는 자연스럽게 따라온다. 학벌이 신통치 않아도 명인이 된 사람들은 수없이 많다. 그리고 그들도 한때는 매우 가난하거나 어려운 시기를 넘겼다는 점을 기억하자. 다만 그들은 자신의 분야에 정통하기 위해 긴 세월을 노력했고 그를 통해 자기 브랜드를 확립할 수 있었던 사람들이다. 좋아하는 일에 최선을 다하다 보니 세월이 성공을 만들어 준 것이다. 사실 자기 브랜드란 다른 것이 아니라 이처럼 세월과 노력, 그리고 자기 변화 속에서 탄생하는 것임을 기억하자.

내 자신 안에서
해답을 찾는 법

창조적 해결 능력을 키워라

    사람이라는 존재는 천성적으로 자기방어 본능을 가지고 있다. 자기방어 본능이란 고통과 슬픔에 닥쳤을 때 큰 상처를 입지 않기 위해 자신을 보호하려는 태도다. 그리고 인생을 살면서 어려운 일에 부딪치면 자기도 모르게 이 자기방어 본능이 작동하게 된다.

    실제로 우리는 역경에 부딪칠 때마다 매번 타개책을 찾거나 하는 것은 아니다. 일부는 포기하지 않고 대책을 강구하면서 해결책을 찾아나가지만, 또 다른 일부는 중도에서 포기한다. 그리고 그 포기하게 되는 마음 안에는 더 상처입고 싶지 않다는 방어 본능이 숨겨져 있다.

    그렇다면 이 자기방어 본능과 싸워 승리하려면 어떻게 해야 할까?

    지금부터 일본의 '가고우 악기회사'의 사장 가고우마쓰 씨의 이야기를 들어보자. 그는 1958년경 이 회사에서 공장장으로 일하고 있었는데, 회사가 부채에 시달리면서 퇴직자가 속출하는 등 최악의 경영 위기가 닥쳐왔을 때의 일이다. 당시 이 회사의 사장은 가고우마쓰 씨의 의부였는데, 그는 질병으로 입원했고 형이었던 부사장마저 자포자기의 심정으로 회사에 드나들지 않고 있었다. 이제 그 회사의 책임자는 오직 가고우마쓰 씨뿐이었다. 그야말로 한치 앞도 내다볼 수 없는 위기 상황이었고, 사람들은 대부분 이 회사가 무너질 것이라고 수군거렸다. 그러나 가고우마쓰 씨는 그 자리에서 무릎을 꿇는 대신 종업원들을 모아 놓고 이렇게 말했다.

"나는 다시 한 번 이 회사를 재건할 것입니다. 재건의 구체적 대책은 아직 확실치 않으나 어떻게든 해낼 것입니다. 나를 믿고 따라와 주십시오."

사실 그때만 해도 그는 무엇을 해야 할지 모르는 상황이었다. 하지만 남들이 생각하는 것처럼 자기 합리화에 빠져 회사를 포기하는 대신 회사를 재건할 수 있다는 믿음을 종업원들에게 피력했다. 이로써 그는 포기의 첫 단계를 넘어설 수 있었다.

이후 가고우마쓰 씨는 하모니카가 자금 회전이 빠르다는 점을 생각해내고 하모니카 생산을 재개발해 그 이익금을 종업원들에게 임금으로 지불한 뒤, 회사 소유의 자재로 가건물 공장을 세운 뒤 피아노와 오르간을 생산하기로 결정했다. 그러자 놀라운 일이 일어났다. 당시 일본은 노동조합이 강한 권력을 쥐고 있던 상황이었음에도, 가고우마쓰 씨의 공장만은 전 사원이 하나가 되어 마침내 회사를 재건할 수 있게 된 것이다.

그러나 이듬해에 또다시 문제가 생겼다. 고리 차용금이 자본금의 10배나 되는 3,500만 엔으로 늘어나면서 파산 위기에 처한 것이다. 그는 차입금 처리에 밤마다 고심했다. 이번에도 서서히 자기방어 본능이 고개를 들었다. '이 만큼 했으면 된 거야. 더 이상 하다가는 더 크게 실패하게 될 거야.'

하지만 그는 거기에 굴복하지 않았다. 그는 비관적인 생각을 몰아내고 백방으로 뛰어다녔다. 그러다가 기적적으로 사흘 만에 다른 대출을 성사시켜 고리의 차용금을 반으로 줄이는 데 성공했다. 남들 같으면 두 번이나 쓰러졌을 상황에 눈 하나 까딱하지 않고 난국을 타개한 것이다. 만일 그가 닥쳐오는 절망적인 순간마다 손을 놓았다면 그 회사는 진작 부도가 났을 것이다.

사실 가고우마쓰 씨의 정신력은 정말 배울 만한 것이다. 왜냐하면 대부분의 사람은 흔히 역경에 부딪치면 매우 소극적이 되고 심리적 혼란이 가중된다. 그리고 일단 마음이 흐트러지면 해결 방법을 모색할 수 있는 두뇌의 움직임까지도 어려워지면서, 해봤자 안 된다는 자기 합리화, 더 나아가 자포자기에까지 이르게 된다.

하지만 가고우마쓰 씨처럼 어떤 상황에서든 활발하게 대처할 수 있는 능력을 유지하는 사람들은 다르다. 이런 이들은 시련에 부딪쳐도 절망에 빠지거나 소극적으로 움츠리지 않는다. 오히려 어떻게든 이 시련을 극복해야 한다는 열정을 품게 된다. 때문에 두뇌도 오히려 활발하게 움직여 결국 해결책을 찾게 되는 것이다.

일본에서 '진주의 왕'이라고 불리는 오기모토 씨도 비슷한 사례였다. 그는 숭어를 잡아 동경으로 보내는 일을 시작했다가 유통기한을 넘긴 숭어가 썩어 들어가면서 그만 사업에 실패하고 말았다. 깊은 시름에 빠진 오기모토 씨는 어느 날 요코하마의 해안에 앉아 생각에 잠겨 있었다. 그때였다. 옆에 앉아 있던 중국인이 우연찮게 막대한 진주 거래 이야기를 하기 시작했다. 그리고 그 이야기를 듣는 그 순간 오기모토 씨는 '바로 이거야!' 하는 생각을 하게 되었다. 바다에서 건진 진주로 장사를 하면 크게 성공하리라는 생각이 번쩍 든 것이다. 그리고 얼마 안 가 그는 여기에서 얻은 힌트로 훌륭한 아이디어를 생각해냈고 진주 사업을 시작했으며, 얼마 안 가 일본 최고의 '진주 왕'으로 성공했다. 즉 그는 보통 사람이라면 충격으로 두뇌가 멈춰버렸을 순간에도 창조성의 끈을 놓지 않고 이를 현실화시켜 새로운 성공을 이룩한 것이다. 그렇다면 오기모토 씨에게는 어떤 힘이 있었던 걸까?

무엇보다 그는 가장 최악의 순간에서조차 참신한 힌트를 얻을 수 있을 정도의 왕성한 열정과 여유를 가지고 있었다. 다시 말해 역경 속에서도 두뇌를 창조적으로 굴릴 수 있는 힘이 있었던 것이다. 그렇다면 그것이 꼭 오기모토 씨만의 재능일까?

그렇지는 않다. 창조는 어느 누구에게나, 또한 언제나 가능하다. 다만 우리는 심한 갈등과 자기 합리화에 빠져 그걸 제대로 발휘하지 못했기 때문이다. 따라서 곤경의 순간 창의력을 발휘하려면 무엇보다도 과도한 갈등을 줄이고 자기 합리화를 억제할 필요가 있다. 무슨 말이냐면 충격에 부딪쳐 괴롭다고 자신을 속이지 말고, 오히려 그 문제점을 냉정한 눈으로 들여다보고 어지러운 부분은 과감히 잘라내라는 뜻이다. 즉 창조성은 마음을 잘 수술하려는 노력, 그리고 그 안에서 상황을 전환하겠다는 열정을 잃지 않는 힘 안에서만이 무럭무럭 자라나는 것이다.

홀로 자신을 들여다보기

인간은 누구나 각자 이루고 싶은 꿈이 있게 마련이다. 그리고 그 같은 미래에 대한 희망을 통해 인생을 더 풍요롭게 이끌어간다. 그리고 그 꿈과 기대를 얼마나 잘 이뤘는가에 따라 보람과 긍지, 만족도도 틀려진다.

그런가 하면 인간은 징글징글한 욕망 덩어리이기도 하다. 언제나 미래는 지금보다 훨씬 더 낫기를 원하고, 더 많은 것을 가졌으면 하며, 때로는 타인의 행복에 불만과 질투를 느끼기도 한다. 그리고 이런 면에서 어쩌면 우리는 두 개의 얼굴을 가진 존재인지도 모른다. 하나의 얼굴은 늘 지금 이 순간을 바라보고, 또 하나는 늘 미래를 바라보고 있는 것이다. 이때 이 두 개의 얼굴 모두가 다 소중한 것은 희망이라는 것도 현재와 미래 모두를 바라보면서 생겨나기 때문이다. 예를 들어 우리는 비록 지금은 힘들어도 미래에는 그렇지 않으리라

믿고, 현재 속에서 더 열심히 노력하게 된다.

그렇다면 미래의 얼굴을 성공으로 향하게 하려면 어떻게 해야 할까? 인정받는 비즈니스맨, 유능한 사업가, 인격적인 사람이 되는 것이 과연 꿈이기만 한 걸까?

결코 그렇지 않다. 위와 같은 목표는 분명 이룰 수 있는 것이다. 하지만 그러기 위해서는 꼭 해야 하는 것이 있는데 바로 목표를 명확히 정하는 일이다. 실제로 주변 사람들에게 한번 살짝 물어보자.

"현재 당신의 인생 목표는 무엇인가, 어떠한 인생관 또는 직업관을 갖고 있는가, 그리고 그것을 위해 어떻게 추진하고 있는가?"

물어보면 당장 알겠지만, 목표의 대소를 막론하고 곧바로 정확하고 자신 있는 대답을 내놓는 사람은 극히 드물 것이다. 또한 대개는 변화의 필요성을 느끼면서도, 변화는 다른 사람의 몫일 뿐 나와는 상관없는 귀찮은 일이라고 답하거나 좋은 게 좋은 거라는 안일한 생각에 빠져 있을 것이다.

그러나 지금은 변화의 역풍이 그 어느 때보다도 거센 시대에 살고 있다. "변해야 산다."는 말처럼 이제 변화는 단순한 선택이 아닌 생존의 문제다. 과거의 잘못을 개선하지 않고는 하루가 다르게 변화하는 시대를 따라잡을 수 없는 것이다. 이럴 때는 실패를 두려워하지 말고, 주저 없이 낡은 것을 포기하고, 방법의 전환을 이뤄내야 미래의 성공도 가능해진다. 그렇다면 이럴 때 가장 먼저 무엇을 시도해야 할까?

대부분은 무언가 변화하려면 주변이 바뀌어야 한다고 생각한다. 그러나 이는 틀린 생각이다. 그런 것을 기대하기 이전에 자신이 바뀌어야 모든 것이 바뀐다. 예를 들어 우리는 매순간 새로운 한 해를, 새로운 한 달을, 더 나아가 새로운 하루를 시작한다. 이때 대부분은 언제나 오는 새해이자 언제나 오는 한 달과 하루라고 생각해 쉽게 태만해진다. 하지만 무턱대고 시작하는 한해와 한 달, 하루는 결코 발전할 수 없다. 즉 그 해와 달과 일을 시작하기 전에 스스로 바뀌어야 할 내용이 무엇인지를 살펴보아야 한다. 즉 나만의 차분한 시간 속에서 아주 작은 실천부터 시작해가는 것이다. 그리고 그런 깊은 생각에 빠지다보면 가장 먼저 다음과 비슷한 질문이 떠오를 것이다.

'대부분의 사람들은 성공한 인생을 누리고 싶어 하잖아. 그렇다면 도대체 성공이란 뭐지? 내가 바라는 성공은 어떤 모습일까?'

예를 들어 직장인들을 보자. 어떤 이들은 회사에 입사한 후 순조롭게 승진, 출세하여 중역이나 CEO까지 오르는 것을 꿈꾼다. 물론 그것도 성공의 한 가지 방법이다. 그러나 현실은 조금 다르다. 대기업이든 중견기업이든 평사원에서 CEO까지 오를 확률은 결코 높지 않기 때문이다. 뿐만 아니라 책임의 막중함 때문에 CEO 직함이 반드시 성공한 직업만이 아니라는 의견도 지배적이다. 높은 소득을 얻고 화려한 저택에서 살며 호화별장과 고급 승용차를 굴리며 해외여행, 골

프 등의 취미생활을 만끽하기 위해서는 자기 시간의 희생, 과도한 업무 등등 그에 상응하는 대가가 반드시 필요하다는 것이다. 시간이 갈수록 물질적인 성공 외에 정신적인 성공을 지향하는 이들이 점점 많아지고 있는 것도 그런 이유에서다. 그런 이들은 무조건적인 승진보다는, 희망하는 지위를 얻어 그 일을 성공적으로 완수했을 때의 성취감, 인재를 육성하는 기쁨 등을 추구한다.

사실 여기서 어느 쪽이 더 나은가를 따지는 것은 무의미한 일이다. 즉 물질적인 성공이든 정신적인 성공이든 모든 인생을 통하여 계속적으로 풍요롭고 충실한 생활을 보장해준다면 무엇과도 바꿀 수 없는 귀한 성공일 것이다. 또한 이 같은 성공은, 자신의 내면을 들여다보고 "내게 어울리는 성공은 무엇인가?"라는 질문을 끊임없이 던지는 사람만이 얻을 수 있다는 것은 두말 할 나위 없는 사실이다.

3 chapter 위기를 관리하라

우리 인간에게는 선택의 자유가 있다.
그리고 우리는 우리의 책임을 하나님이나 자연에게 맡길 수가 없다.
우리는 우리의 책임을 완수해야 한다. 그것은 우리에게 달려 있다.
- 아놀드 토인비

우리는 살아가면서 수많은 위기에 부딪친다. 이는 어쩔 수 없는 인생의 여정인 것이다. 그리고 지금까지 국가 위기관리가 중요한 시대였다면 이제는 국가 위기관리만큼이나 개인의 위기관리도 중요해지고 있다. 하지만 대개는 위기관리에 대해 지극히 평범한 생각을 가진다. 위기관리는 국가나 기업경영의 문제일 뿐, 자신만의 문제는 아니라고 말하는 것이다. 하지만 이는 지극히 소극적인 생각이다. 위기 극복 요령이 한 사람의 성패를 좌우한다는 점에서 위기관리란 국가나 기업에서부터 가정과 개인에 이르기까지 실로 다양한 곳에 적용된다는 점을 생각해야 한다.

예를 들어 우리는 누구나 건강과 장수를 원한다. 또한 하고 싶은 일을 하며 보람을 느끼고 안정된 수입을 얻고자 하며, 타인에게 인정받는 삶을 누리고 싶어 한다. 그러나 실제로 이 같은 삶을 살아가는 이는 극히 드물다. 그렇다면 이처럼 바라는 대로 살아가려면 도대체 무엇을 어떻게 해야 하는 걸까?

가장 먼저 우리는 '성공한 사람'이라든가 '유명인'들이 처음부터 유명했던 것은 아니라는 점을 기억해야 한다. 그들 역시 처음엔 보통 사람에 지나지 않았다는 뜻이다. 다만 그들은 타인과의 긴밀한 신뢰 관계를 구축하면서 자기를 확립시켜왔고, 경우에 따라서는 재난, 불운, 실패, 실의, 역경 등의 위기를 슬기롭게 극복하는 저력을 발휘하면서 그 자리를 획득할 수 있었다. 즉 그들은 위기관리를 통해 경험을 습득하고 그 안에서 자신만의 솔루션을 만들어온 것이다.

여기서 '위기'라는 것은 과연 무엇인지 한번 생각해보자. 위기라고 하면 흔히 커다란 재난을 떠올리지만, 사실 위기가 늘 먼 곳에서만 찾아오는 것은 아니다. 예를 들면 아주 사소한 일이라도 그것이 내 마음가짐이나 행동에 영향을 미친다면 그것 또한 위기로 분류해야 한다. 그리고 성공한 사람들은 대개 먼 곳에서 온 위기뿐만 아니라 이 같은 작은 어려움에도 세세한 대응책을 만들어내는 재주를 가지고 있다. 다시 말해 그들은 다양한 위기 대응법을 매뉴얼처럼 만들어 합리적으로 대처하는 '위기관리의 프로들'이었다.

그렇다면 이 같은 위기관리 매뉴얼은 어떤 매커니즘을 가지고 만들어질까?

첫째, 그들은 먼저 위기의 원인을 제거하는 데 노력을 쏟는다. 실제로 성공하는 사람들은 막상 위기가 닥쳐오기 전에 아예 그 싹을 자르는 재주가 있다. 예를 들어 그들은 자신이 반드시 훌륭한 성과를 거둘 수 있는 분야에만 모든 역량을 집중하는 전략을 택한다. 다시 말해 자신이 가장 잘 할 수 있는 일을 먼저 하고, 그것을 통해 최대의 효과를 올린 뒤에야 두 번째 잘 하는 일에 나선다. 혹자는 이와 관련해 이런 말을 남기기도 했다.

"죽어도 하지 않으면 안 되는 일, 그것 외에는 아무것도 하지 말라."

예를 들어 듀폰 사는 한 프로젝트에서 실패의 징후가 나타나면, 위기가 심각해지기 전에 철수 준비를 마치는 것으로 유명하다. 이것이 듀폰 기업의 성공 비결 중의 하나다. 또한 업계에서 뭔가 새로운 변화가 발견되고 그것이 자신들과 어울리면 항상 선수를 쳐서 선두를 달린다.

둘째, 그런가 하면 위기의 예측도 위기관리 매뉴얼에서 중요한 부분을 차지한다. 예를 들어 인생이라는 것이 늘 내 마음대로 흘러가는 것은 아니다. 잘 되리라 생각했던 어떤 일이 순식간에 뒤틀려 버릴 수도 있다. 따라서 우리는 앞으로 발생할지 모를 여러 문제들을 미리 생각해 대응 태세를 준비하지 않으면 안 된다. 실제로 대부분의 위기는 예측 가능한 것이며, 마음만 먹으면 얼마든지 미리 대책을 강구할 수 있는 것들이다.

여기서 직장의 상황을 예로 들어보자. 유능한 이들은 위기를 감지하면 머뭇거리지 않고 그와 관련된 전문가인 윗사람에게 보고한다. 위기를 감지하고도 자기 문제가 아니라고 손을 놓고 있는 한심한 짓은 하지 않는다. 즉 누군가 뒤늦게 그 일에 시선을 돌리기 전에, 스스로 판단해 그 담당자들에게 대비를 촉구하는 것이다.

이는 기업들도 마찬가지다. 항상 위기관리 매뉴얼을 작동하고 있는 기업들은 언제 어디서나 장래를 먼저 생각하는 습관이 있다. 이런 기업들은 일상 업무에서부터 다양한 전략을 세우고, 부하 직원이 자신들의 능력과 테크닉을 발휘할 수 있도록 자율적인 환경을 강조한다.

근래 우리 시대는 수많은 다양한 위기 속으로 나아가고 있다. 따라서 앞으로는 '자신을 위한 위기관리'가 중요한 이력이 되는 시대가 펼쳐질 것이다.

사실 위기관리란 그다지 특별하거나 어려운 일이 아닐지도 모른다. 쉽게 말해 우리는 태어나서부터 죽을 때까지 수많은 위기 속에서 살아가지 않는가. 심지어 부잣집이 아닌 가난한 집에서 태어난 것도 하나의 위기다. 뿐만 아니라 사춘기 때 닥쳐오는 감정의 혼란, 우리 사회에서 중요한 부분을 차지하는 대학 입시, 더 나아가 직장과 결혼 문제, 자녀 문제까지 수없는 리스크가 우리를 기다린다. 중요한 것은 이런 일들을 미리 예상하고 준비하는 습관이다.

문제에 닥칠 때마다 눈을 돌려 지난 시절을 돌이켜보자. 어린 시절부터 위기에 닥쳤을 때 나는 어떤 식으로 그 어려움에 대응했는가를 생각해보자. 그래서 만일 잘못된 부분이 보인다면 과감히 그것을 수정해 나가야 한다. 또한 그런 경험이 쌓이면 그것이 하나의 데이터가 되어 다른 문제에도 수월하게 적용시킬 수 있게 된다. 스스로 위기를 돌파할 수 있는 다양한 답안을 발전시키게 되는 것이다.

결국 위기관리는 경영이나 직장 문제에만 해당되는 것이 아니라 전 인생에 걸쳐 적용되는 것이며, 결국에는 이 같은 수정과 보완을 잘 하는 사람이 진정한 위기관리의 프로가 될 수 있다는 점을 기억해야 한다.

기회를 기다리지 말고
자신에게 몰두하라

> 기회는 준비된 마음에게만 미소 짓는다.
> -파스퇴르

흔히 사람들은 성공을 하게 되면 자연스레 행복도 얻게 될 거라고 생각한다. 하지만 이것은 말 그대로 행복한 오해다. 실제로 성공한 사람들을 살펴보면, 성공을 해서 행복해졌다기보다는 성공하기 전보다 후에 행복을 느꼈던 이들인 경우가 많다. 불우한 환경에서도 스스로 인생을 굳건히 유지하고 그 안에서 행복을 찾는 것이 습관처럼 몸에 배인 것이다.

"인생은 알 수 없는 것"이라는 흔하고도 유명한 격언이 있다. 즉 우리 인생에서 무엇이 축복이 되고 무엇이 불행이 될지는 그 일이 지나간 후에야 알 수 있다는 뜻이다. 따라서 우리는 삶에 대해 적극적으로 대처하고 이를 잘 분별하려고 부단히 노력해야 한다. 그럼에도 어떤 이들은 마냥 행운과 기회를 기다릴 뿐 아무 준비도 하지 않는다.

하지만 기회라는 것은 그야말로 솔직한 것이다. 잡으려면 그 전에 반드시 그것을 준비해야 한다. 다시 말해 '기회만 주어진다면 내 능력을 쏟아 잘 할 수 있을 텐데!' 라는 생각이 든다면 그 기회를 받아들일 준비를 항상 갖추어야 한다. 아무리 좋은 기회가 찾아와도 일요일을 방만하게 보내면, 그 기회는 월요일에 훌쩍 떠나버리고 말기 때문이다.

그리고 기회를 잡기 위해 우리가 꾸준히 가져야 할 마음가짐이 있다. 바로 세상과 자신에 대한 무한한 긍정성이다. 실제로 남들이 보기에는 성공한 사람인데 그 자신은 실패했다고 느끼는 이들이 있다. 그들이 아무리 부자이고 명사라고 한들, 과연 성공했다고 말할 수 있을까? 아마 선뜻 그렇다고 말하기가 어려울 것이다.

즉 성공한 사람이란 여러 측면에서 균형을 유지하며 정신적·물질적인 만족감을 동시에 느끼는 사람을 말한다. 그런 이들은 무엇을 바라든 자신 안에 그 희망을 채워주는 힘이 존재한다고 믿는다. 그들이 믿는 것은 정신, 즉 마음의 힘이다. 마음은 이 세상의 가장 큰 힘이며, 그것을 가지면 기회가 다가올 때도 곧바로 그것을 움켜쥘 수 있다.

즉 우리는 기회를 찾아 무작정 헤매기 전에, 우선 스스로에게 몰두해 마음의 힘을 길러야 한다. 이 세상을 어떻게 바라볼 것인가, 무엇을 집중적으로 생각할 것인가를 검토해 신념을 굳건히 해야 한다. 사람은 대개 신념을 바꾸면 체험하는 세계도 바뀌게 된다. 많은 파워나 위력들이 바로 이 신념에서 온다. 스스로 강하다고 믿는다면 당신은 강해진다. 반대로 의심을 가진다면 당신은 약해질 것이다.

그렇다면 이처럼 마음의 힘을 길러주는 신념이란 과연 무엇일까? 많은 이들이 이것을 지나치게 강하고 얻기 어려운 것이라 생각한다. 하지만 신념이란 흔히 생각하듯이 무작정 힘을 쓰거나 주먹을 틀어쥐거나 이마에 주름을 잡는 것이 아니다. 무조건 믿겠다고 해서 믿어지는 것도 아니다. 그것은 합리적이고 논리적인 기초를 바탕으로 삼을 때 굳건히 서며, 진실한 것으로 믿고 행동할 때 빛을 얻는다. "일이 따르지 않은 신념은 죽은 것이나 다름없다."는 말처럼 신념은 실행하지 않으면 없는 것과 마찬가지며, 활동할 때 비로소 활기를 얻는다.

실제로 유명한 자기계발서의 저자인 마이어도《백만 달러의 성공 계획 5원칙》에서 성공의 핵심 요소를 다음과 같이 강조했다.

첫째, 목표를 뚜렷하게 잡을 것
둘째, 목표를 달성하기 위한 계획과 그 달성 기한을 설정할 것
셋째, 마음 곳에 새겨 놓은 인생의 꿈에 진지한 욕망을 불태울 것
넷째, 자신의 가능성에 대하여 할 수 있다고 하는 자신감을 가질 것
다섯째, 장애 요소를 분석하여 주위의 상황에 구애됨이 없이 마음

속에 그려 놓은 계획을 강인한 결의 아래 달성하고자 노력할 것

  여기에서 결의란 일관성, 지속성을 말하며, 일단 결의했다면 치밀한 행동 계획으로 끈기 있게 추진해야 한다. 대체로 인간은 자신의 특기에 집중하며, 그 방면에서 능력을 발휘하게 되면 매우 왕성한 자신감을 갖게 된다. 그리고 일단 자신감을 갖게 되면 두뇌 기능도 놀라울 정도로 발휘된다. 지금까지 자신감이 없었던 분야에서도 큰 성과를 거두게 되는 것이다. 다시 말해 성공의 길은 다른 것이 아니다. 스스로를 잘 살펴 신념이라는 마음의 힘을 기르고, 자신이 무엇을 제일 잘할 수 있는지를 알며, 항상 '긍정' 할 수 있는 분야에서 일관성과 지속성을 가지고 '행동' 하는 것이다. 라고 말할 수 있다.

인생을 바꾸는
자기혁명 법칙

분명한 목표를 정하라

사람은 목적과 신념이 없이는 행복하게 될 수 없다.
사람은 그게 무엇이건 하나의 목표 아래 살아가고 있고, 또 그것이 옳다고
생각함으로써 행복을 느끼는 것이다. 그렇기 때문에 인생은 어떤 목표를 세우고
그 목표에 대해서 신념을 가지고 살아가는 것이 필요하다.
-에픽테토스

군이 철학적인 사람이 아니라도 대부분은 종종 '대체 나는 뭐 때문에 사는 걸까?' 라는 질문을 스스로에게 던진다. 사실 이는 답하기가 그리 쉽지 않은 질문이다. 딱히 하나를 말하기에는 너무 많은 대답들이 존재하기 때문이다. 예를 들어 부모의 기대에 어긋나지 않기 위해서, 사회 발전에 봉사하기 위해서, 아니면 나만의 행복을 위해서 등등 대답은 찾기 나름일 것이다.

하지만 이 세상은 이처럼 막연한 대답만으로도 살아갈 수 있을 만큼 달콤하지 않다. 보다 구체적인 지향 없이는 자칫 돛을 잃고 떠도는 배가 될 수 있다는 뜻이다. 이럴 때 그런 위험을 막아주는 처방약이 있다. 바로 누가 물었을 때 곧바로 명확하게 대답할 수 있을 정도의 구체적인 인생 목표다.

그러나 여기서의 목표란 '목적' 이나 '희망' 같은 단어와는 확연히

다르다. '목적'이나 '희망'은 바람이 크게 작용하는 개념이다. 반면 목표는 이보다 좀 더 구체적이고, 절실하고, 매력적이며, 달성 가능한 것이어야 한다.

그렇다면 '목적'이나 '희망'이 아닌 '목표'가 갖추어야 할 기본 요건은 무엇일까?

목표란 사실 명확하게 잡았다고 해서 언제나 고정 불변하는 것이 아니다. 목표란 마치 자라나는 나무와 같아서 그 사람의 성장 과정에 따라 그 가지도 이파리도 조금씩 변한다. 하지만 가지와 이파리도 결국에는 한 그루에서 뻗어 나오듯이 목표 역시 그 변화가 언제나 비슷한 선상의 연장에 있어야 한다.

예를 들어 K씨는 처음에는 자동차 세일즈맨을, 그 다음에는 변리사를, 또 그 다음에는 사업가를 희망했다. 즉 그는 목표를 계속 바꿔가며 살아가는 편이었다. 하지만 이런 식의 목표는 사실 조잡하다는 느낌을 지울 수 없다. 어쩌면 K씨는 코앞에 닥친 상황, 아니면 당시의 기분에 따라 되는대로 목표를 만들어왔는지도 모른다. 그러나 목표는 이처럼 안이한 것이 아니다. 목표는 하나의 의지이며, 따라서 초지일관 관철하려는 강한 결의가 필요한 것이다.

그렇다면 제대로 된 목표 설정의 프로세스는 과연 어떤 식으로 이루어질까? 가령, 어떤 이가 프로 세일즈맨을 목표로 하고 있다고 치자. 이 경우 목표를 확정하기 전에, 먼저 그 일이 내 일생을 통해 추구할 만한 가치가 있는가를 생각해볼 필요가 있다. 즉 비로소 내가 왜 그것을 하려는지가 납득이 가야만, 어떤 역경이 있어도 이를 중도에서 포기하지 않겠다는 결심도 서게 된다. 앞의 K씨는 이 과정을 거치지 않았기 때문에 자신의 삶에서 뭐가 가장 중요한지를 알 수 없었고, 따라서 목표도 계속 변한 것으로 보인다.

그 다음 해야 할 일은 이를 보다 구체적인 목표로 쪼개는 것이다. 예를 들어 프로 세일즈맨이 되기 위해 전문적인 교육을 받는다던가, 세일즈 인턴사원에 응시한다던가, 그에 관련된 서적을 읽는 것 등이다. 그리고 바로 이런 과정으로 거치면서 목표는 목적보다 더욱 현실적이 된다.

또한 이 과정을 거쳐 비로소 세일즈맨이 되었다고 해서 모든 것이 끝나는 것이 아니다. 한 고개를 넘었다면 또 다른 단계를 계획해야 하기 때문이다. 예를 들어 이때의 목표는 "한 달 안에 100만 원의 실적을 올리겠다." 및 "몇 사람을 만나 어떻게 이야기를 하겠다." 처럼 어느 지역에서 어느 지역까지를 대상으로 삼을지, 한 집에 몇 시간에 걸쳐 설득을 할지, 이 중 몇 퍼센트의 영업 목표를 성공시킬 것인지 등처럼 세분화되고 구체적인 것이어야 한다.

즉 목표라는 것은 최종적으로 볼 때, 세밀하고 구체적일수록 집중력을 투입하는 것이 용이해지고 그 달성도 쉬워진다. 바꿔 말해 대개의 일들은 목표를 얼마나 능숙하게 설정하는가에 따라 성과도 달라진다는 뜻이다.

한 유명한 컨설턴트는 "목적을 가지고 천천히 걷는 사람은 목적 없이 달리는 사람보다도 언제나 빠르다."고 강조한다. 즉 자신이 무엇을 하면 좋은가를 생각하고 할 목표와 진행을 다각도로 검토하고, 명확하게 설정하는 일부터 시작하라는 의미다. 또한 명확한 목적 설정을 위해서는 일을 어느 정도의 단계로 분류할지도 고려해야 한다. 그 다음에는 그 단계마다 필요한 시간을 계산한다.

그렇다면 이처럼 목표한 일들을 매일 해내려면 어떤 노력이 필요할까? 생각해보면 우리는 어떤 일에 흥미를 느끼면 쉽게 집중하게 된다. 하지만 업무라는 것은 대개 피로하거나 짜증스러운 것들이 더 많다. 이때 집중을 방해하는 조건들에 지지 않고 열중하려면 끊임없이 스스로를 업무에 집중하도록 만드는 일종의 '동기'라는 것이 필요하다. 즉 왜 그 업무를 해야 하는지 이유를 알고, 어느 정도까지 할 것인지 목표를 세워 끝까지 해내는 습관을 키워야 한다. 오늘은 어느 정도를 처리하고 어느 정도 능력을 발휘하겠다는 확실한 목표를 세우는 것이다. 특히 이때의 목표는 최선을 다하지 않으면 달성할 수 없을 만큼 높게 세우는 것이 중요하다. 그러면 그 목표를 어떻게든 달성하려고 업무 방법을 고안하고 적당한 긴장감을 느끼게 되며 시간의 귀중함도 깨닫게 되는 경우가 많다.

한 예로 미국의 경우는 목표에 따라 능력을 최대한으로 사용하는 문화가 널리 퍼져 있다. 가령 미국 대학에서 일하는 청소부들은 월급이 무려 한국보다 7배나 높다고 한다. 하지만 일의 실제를 들여다보면 이는 그다지 높은 월급도 아니다. 미국에서는 한국에서 약 30명의 청소부가 일해야 할 분량을 단 3~4명에게 맡기기 때문이다.

즉 그들은 한국 청소부에 비해 10배 정도의 일을 하고 7배 정도의 월급을 받는 셈이므로 오히려 우리보다 월급이 적다고도 할 수 있다. 또 그들은 넓은 면적을 8시간 안에 마쳐야 하므로 누구보다도 숨 가쁘게 일하며, 따라서 청소를 어떻게 빨리, 능률적으로 할까 하는 연구까지 동시에 해야 한다. 예를 들어 한 교실에 책상이 50개, 하나의 책상을 청소하는 데 소요되는 시간은 3초, 합하여 2분 30초, 대걸레의 폭이 1m, 교실의 넓이는 사방 15m, 필요 왕복 시간 1분을 합하여 15분, 세제를 묻힌 대걸레로 각 교실을 닦는데 소요되는 시간 2분, 칠판 청소 2분 등 면적에 대한 소요 시간을 정해 놓고 계산해 합계 25분에 청소를 끝내는 것이다. 또한 이 시간 안에 청소를 마치기 위해 모두들 쏜살같이 움직이게 된다.

비단 미국의 청소부들뿐만이 아니다. 우리가 하고 있는 다른 많은 업무들도 이처럼 목표 설정을 효율적으로 하면 충분히 좋은 효과를 볼 수 있다. 즉 목표 설정은 노력의 동기를 명확히 세우는 일인 동시에, 그 지점으로 다가가기 위해 시간과 힘을 가장 효율적으로 사용하는 법을 가르쳐주는 지도라고 할 수 있다

2 컨디션을 최상으로 유지하라

> 운명은 어딘가 다른 데서 찾아오는 것이 아니라 자기 마음속에서 성장하는 것이다.
> - 헤르만 헤세

공부 잘하는 학생이 체육까지 잘하라는 법은 없다. 마찬가지로 수학은 못해도 국어나 미술 등에서 뛰어난 재능을 보여주는 학생들도 있다. 즉 같은 학교와 교실에서 같은 것을 배워도 학생들마다 능력의 종류와 질에 차이가 나는데, 이는 각각의 시간적, 공간적 환경이나 취미, 관심 등이 다르기 때문이다.

그렇다면 이 사회는 성적이 높은 사람만 필요로 하는가? 절대 그렇지 않다. 앞의 사례는 사람마다 재능이 다르다는 것을 보여주는 동시에, 모두가 그 다양한 능력을 살려 각각 얼마든지 사회에 유용한 존재가 될 수 있다는 사실을 말하기도 한다. 중요한 것은 단순히 무엇을 잘하고 못하고가 아니라 장기적인 전망 속에서 자신의 역량을 발휘할 수 있도록 하는 종합력이다. 그렇다면 지금부터 이 종합적 능력을 키워가는 방법을 살펴보도록 하자.

만일 내게 남들은 잘하지 못하는, 유독 나만 잘하는 특별한 능력이 있다고 치자. 처음에 그 재능을 발견했다면 그 다음부터는 그 능력을 키워나가는 훈련이 필요할 것이다. 그리고 그처럼 재능을 연마하게 되면 그것을 실질적으로 실행할 수 있는 응용력 또한 필요하다. 익힌 것을 실전에서 써먹을 수 있어야 한다는 뜻이다.

그러나 이처럼 실전에 응용할 수 있는 여건을 갖췄다고 해도 그것이 다가 아니다. 이번에는 그것을 필요할 때 적재적소에 최대한으로 발휘할 수 있는 조절력이 필요하다. 아무리 달리기를 잘한다 한들 정작 대회에 나가서는 제 실력을 발휘하지 못한다면 어떻겠는가? 말 그대로 아무리 훌륭한 실력도 무용지물이다.

같은 의미에서 실력이란 훈련과 습득도 중요하지만, 그것을 최상으로 이끌어내는 것도 중요하며, 바로 이때 중요한 것이 바로 컨디션이다. 즉 일상을 적절히 조절하고 실력을 잘 다듬어 언제나 자신의 능력을 발휘할 수 있도록 준비하는 것이다. 다음은 생활과 일상의 컨디션을 위한 5가지 조언들로 누구나 천천히 읽고 숙지할 필요가 있는 내용들이다.

① **제1단계 : 목적을 확실히 한다.**

좋은 컨디션 조절을 위해서는 그 목적을 분명히 해두는 것이 중요하다.

② 제2단계 : 심신을 편안히 갖도록 한다.

마음을 침착하게 유지하고 피로감을 회복시키자. 집중력을 배양하려면 이 두 요소를 숙달해야 한다.

③ 제3단계 : 과거의 좋은 이미지를 연상한다.

'대상에 대한 과거의 좋은 이미지'와 '기억 자체에 대한 과거의 좋은 이미지'는 집중력 향상에 큰 도움이 된다. 예를 들어 일에 대하여 집중력을 향상시키고 싶다면, '회사의 중대한 일을 정확히 처리한 후 기분 좋게 한잔했다'라든지 '작년에 연말 보너스가 충분히 지급되어 보너스로 단기간의 해외여행을 할 수 있었다' 등을 떠올린다. 이런 과거의 좋은 이미지들은 과거에 얻을 수 있었던 즐거움과 환희를 환기시켜 주며, 적합한 집중 방법과 집중할 수 있다는 자신감을 준다.

즉 이 제3단계는 ① 집중할 수 있다고 하는 자신감, ② 당신에게 적합한 집중 방법, ③ 집중하려고 하는 일에 흥미를 갖는다고 하는, 집중력을 높이기 위한 세 요소를 숙달하는 데 목적이 있다.

④ 제4단계 : 미래의 좋은 이미지를 연상한다.

이 단계는 집중력을 높여주는 동시에 때로 동시에 그 이미지 떠올리기가 희망하고 있는 곳까지 도달되지 않을 경우 적당한 긴장감을 부여하기도 한다. 다시 말해 이 제4단계는 ① 적당한 긴장감, ② 집중력 상승을 가져다준다.

⑤ **제5단계 : 전체의 이미지를 연상한다.**

문제 전체의 이미지를 연상하는 일은 내가 알고 있는 것과 알지 못하는 것을 명확하게 보여주고, 동시에 어째서 내가 이 일을 하려고 하는가, 하지 않으면 안 되는가 하는 해답도 보여준다. 또한 언제 어떤 일이 일어날 것이라고 예상하는 일도 가능해진다. 이 같은 예상이 가능해지면 적합한 행동의 시기도 깨달을 수 있으며, 문제 전체의 윤곽이 선명해져 집중해야 할 포인트를 정확히 포착할 수 있다. 즉 이 제5단계에서는 ① 포부를 정할 것 ② 이미지를 넓힐 것 ③ 예상해 볼 것 ④ 기한을 정할 것 등 집중력을 높이기 위한 네 요소를 숙달하게 된다.

이 5단계가 숙달된 사람은 언제 힘을 빼고 심신을 쉬게 하면 좋을지, 또한 그렇게 하기 위해서는 어떻게 해야 할지를 자연스럽게 알 수 있게 된다. 즉 적절한 휴식을 통해 집중력을 높이고 그것을 발휘하는 방법까지 자연스럽게 배우게 된다. 실제로 위의 이론들은 행동과학이라는 현재 유행중인 중요한 학문과도 연결된다.

행동과학이란 인간의 행동도 일정한 법칙과 심리 조건 하에서 이루어지며 연습과 훈련을 통해 보다 나은 행동을 만들어갈 수 있다는 믿음을 바탕으로 한 학문이다. 심지어 이 행동과학은 요즘 들어 기업의 경영과 업무에까지 채택되고 있는데, 이는 업무와 인간의 행동을 합리화시킬수록 그 업무에 집중하기도 쉬워진다는 원리가 많은 이들의 관심을 끌었기 때문이다.

좀 더 상세히 말하자면, 우리는 대개 열중해서 업무를 추진하고 있을 경우에는 자아의 확대감이 일어나고 스스로 자신감이 넘치게 된다. 그리고 이 자신감이 한층 더 업무에 집중할 수 있게 한다. 다시 말해 자신의 컨디션을 최상으로 유지하면서 집중력을 높이는 사람은 자신의 능력을 최대한으로 발휘하고, 그것을 비약적으로 향상시키는 것이 가능하다. 그런 의미에서 일상을 조절하고 마음을 다스려 최대의 컨디션 효과를 이끌어내는 것은 실력의 발휘에 무엇보다도 중요하며, 따라서 평상시에도 위의 5단계 원칙을 실행하는 것도 이 같은 컨디션 유지에 큰 도움이 되는 것이다.

조직과 인간관계를 중시하라

겸손하기만 하다면 모든 존재가 당신에게 스승이 된다.
그러나 부처가 곁에 있더라도 전혀 친밀한 관계가 이루어지지 않는다면
그것은 당신이 겸손하지 못하기 때문이다.
- 오쇼 라즈니쉬

사람 '人' 은 서로 기대어 있는 형상을 뜻한다. 이처럼 사람은 혼자서는 결코 큰일을 해내지 못하며, 누군가와 어울려 지혜를 모아야만 이른바 큰일도 잘 해낼 수 있다. 우리가 홀로 독야청청하는 것보다는 사회적 관계를 중시 여기는 것도 그런 이유에서이며, 실제로 사회 및 조직 속에서 인정받고 있는가 그렇지 못한가가 한 사람의 성장과 평가에 결정적인 요소로 꼽히기도 한다. 그런가 하면 사회적인 인정이 어떤 한 사람에게 그 역량이 놀랄 만큼 훌륭하게 발휘시키도록 만드는 심리적 요인이 되는 경우도 적지 않다.

그렇다면 우리가 한 사람의 사회적 존재로서 사회와 타인에게 인정을 받기 위해 알아야 할 기본 요소들을 살펴보자. 사회심리학자 프라우드에 의하면 집단에서 지지받기 위해서는 '견인 역할' 과 '조화' 가 필요하다고 한다. 여기서 견인 역할이란 조직에서 적응하기

위해 자신의 우수한 점을 부각시켜 타인을 끌어들이는 것을 의미한다. 이 작업이 훌륭하게 수행되면 조직원들도 그 사람에게 매력을 느끼고 그를 자신들의 영역으로 받아들이게 된다. 반면 새로운 인물의 인상이 지나치게 강할 때는 반대의 현상이 일어난다. 조직원들은 이제까지 유지해 온 기존 질서나 유대관계에 위협을 주지 않을까 하는 두려움과 염려 때문에 그 사람을 받아들이기를 꺼리게 된다는 것이다.

이런 점에서 볼 때, 새로운 조직에 몸담을 때는 너무 튀거나 지나치게 주목을 끌지 않는 것이 좋다는 것을 알 수 있다. 즉 때로는 바보처럼 보이는 것이 오히려 좋을 수 있는데, 일반적으로 사람들은 의심이나 경쟁심을 불러일으키지 않는 이에게 친근감을 느끼기 때문이다.

반대로 교만하고 자기중심적인 인물들 또한 집단적인 거부를 당할 가능성이 높다고 한다. 예를 들어 톱클래스의 성적을 올리고 있던 K군을 보자. 그는 말 그대로 지독한 에고이스트로 모든 것을 자기중심적으로 생각하고 타인을 배려하지 않았다. 그러나 그는 아주 공부를 잘했으므로 결국 일류 대학을 나와 일류 회사에 입사했다. 회사에 입사한 뒤 그는 회사 내의 모임에도 적극적으로 참여하고 회의에서도 두각을 드러냈다. 그러나 이상하게도 그는 제 실력을 인정받지 못했다. 예전과 변함없이 에고이즘에 빠져 자기중심적으로만 일을 하려 했던 결과, 우수한 실적에도 불구하고 상사나 동료로부터 외면당해 승진에 탈락하고 말았다.

한편 같이 입사한 L군은 학창 시절의 성적은 그리 좋은 편은 아니었다. 그러나 그는 인간적인 매력이 풍부하고 언제나 상대방의 입장에서 생각하는 타입이었다. 결국 L군은 회사에서는 물론 사회에서 주위 사람들로부터 인정과 지지를 받으면서 두각을 나타냈고, 결국 초고속 승진이라는 예상치 않았던 결과까지 얻었다.

이 사례는 곧 인간관계를 원만하게 유지하는 것이 성공을 결정짓는 중대한 요소가 된다는 점을 입증한다. 대체로 인간에게는 '욕심'과 '진심'이라는 것이 있다. 이때 '욕심'에 사로잡혀 '진심'을 깨닫지 못하면 인간관계는 망가진다. 인간관계는 상대방의 '진심'을 이해하는 데서부터 출발하기 때문이다. 지금도 수많은 정치인들이 "저는 국가와 국민을 위해 그리고 지역사회의 발전을 위해 정치를 합니다!"라고 말한다. 하지만 그 대부분은 그저 '욕심'으로 끝나고 만다. 그것은 그들이 그저 권력욕 · 명예욕 · 금전욕을 충족시키기 위해 정치인이 되고자 했던 이들이기 때문이다. 물론 그 가운데에는 진심과 욕심이 일치하는 경우도 없지 않다.

이처럼 인간관계는 대부분 진심이라는 것에서 시작한다는 점을 기억해두자. 그리고 여기서 한 가지 더 중요한 것이 있는데, 상대에 대한 '이해' 또한 진심만큼 중요하다는 점이다. 즉 상대방이 무엇을 생각하고 있으며, 무엇을 목표로 하고 있는가에 대한 '본심과 진심'을 이해하는 일 또한 진심을 내보이는 것만큼 중요하다는 의미다. 옛말에 "타인의 표정을 보고 나의 표정을 고친다."는 말이 있다. 즉 상대방이 내게 나쁜 감정을 가졌다고 느낀다면, 무작정 상대방을 탓하기 전에, 내가 먼저 어떤 나쁜 인상을 주지는 않았나를 반성해봐야 한다. 다시 말해 타인을 내 거울로 삼고 나와 마주보고 있는 사람이 내게 어떠한 태도를 취하고 있는가를 주의 깊게 살펴봐야 한다는 뜻이다. 그리고 결국 상대에 대한 이 같은 자각과 반성은 상호간의 인간관계를 더 돈독하게 만드는 힘을 부여하고, 우리를 사회적인 존재로 만드는 중요한 바탕이 되고 있다.

4 chapter
생각과 행동의 균형을 중시하라

그림도 실생활과 같다. 지체 없이 행동하지 않으면 안 된다.

-피카소

　예로부터 "영국 사람은 생각하고 난 뒤 달리고, 프랑스 사람은 생각하면서 달리며, 이탈리아 사람은 달리고 나서 생각한다."는 속담이 있다. 이에 대해 많은 이들은 "이탈리아 사람들은 지나치게 경솔하며, 영국 사람들은 너무 신중하다. 따라서 가장 이상적인 타입은 생각하면서 달리는 프랑스 사람이다."라고 평가한다. 이는 물론 영국과 프랑스, 이탈리아의 독특한 국민성의 차이를 재미있게 표현한 것에 불과하지만, 일면에서는 지식과 행동의 균형이 얼마나 중요한 요소인가를 잘 보여주고 있기도 하다.

　실제로 '생각과 행동의 통일'이라는 주제는 인간이 '만물의 영장'으로 지구상에 군림해 온 이래 끊임없이 추구해온 테마이다. 또한 인류가 존속하는 한 앞으로도 변하지 않는 질문으로 남을 것이다. 그리고 이 시대를 살아가는 우리에게도, 당면한 문제를 해결할 때 문제를 어떻게 생각하며 어떻게 행동할 것인가가 핵심 문제로 주어져 있다.

그렇다면 우리는 왜 이렇게 행동과 생각의 균형을 중시 여기는 것일까? 그 답은 바로 지식과 행동의 균형이 곧바로 성공과 실패의 분기점이 된다는 데 있다. 생각만 앞서고 행동이 늦거나, 행동만 앞서고 생각이 깊지 않으면 반드시 그에 따른 나쁜 결과들이 벌어지게 마련이다. 그러나 문제는 대개가 이 균형을 잡는 일에 서투를 때가 많다는 점이다. 특히 지식과 행동 중에 행동을 소홀히 하는 경우가 많다. 실은 행동이 지식보다 중요한 부분임에도 말이다.

한 예로 지식만능주의를 보자. 어떤 이들은 머릿속을 꽉 채우는 데 몰두하거나 일류대학 학벌에 목숨을 건다. 그리고 그 같은 소위 인텔리 의식에 푹 빠져 있다 보니 신속한 결단이 필요한 순간에조차 지식만 앞세우는 경우가 많다. 그런 이들에게는 지식은 있을지언정 행동은 없는 경우가 허다하다. 여기서 괴테의 한마디를 귀담아 들을 필요가 있다. 그는 "행위란 자신의 모습을 비추는 거울이다."라고 역설했다. 이는 아무리 대학 교수나 학자일지라도 사느냐 죽느냐의 갈림길에 봉착했을 경우에는 고매한 학식보다는 어떤 판단과 결심을 행하느냐가 중요해진다는 사실과도 연결된다. 사느냐 죽느냐의 갈림길에서는 언변 또는 박식함만으로는 살아남을 수 없기 때문이다. 즉 선견지명을 가지되 이를 정확한 판단으로 발전시켜 빠른 실행을 이끌어내지 않으면 아무 소용이 없다는 뜻이다.

칼라일이 자신의 책「영웅숭배론」에서 "인생의 목적은 행위에 있는 것이지 결코 사상이나 공상에 있는 것이 아니다."라고 강조한 것도 그러한 이유에서였다. 게다가 '죽느냐, 사느냐'의 장으로 흘러가고 있는 최근 급변하는 경쟁 구도에서는 더더욱 이 행동과 지식의 균형을 위해 많은 노력을 기울여야 한다.

다음은 그를 위한 6가지 조언이니 찬찬히 읽어보도록 하자.

첫째, 자기 직업을 사랑하라. 직업에 대한 애정은 왕성한 행동력을 부여하는 원동력이 된다. 따라서 인기 직업보다는 자신의 적성에 맞는 직업을 선택하라.

둘째, 새로운 기술 및 경영 기술 등을 끊임없이 습득하도록 한다. 최근에는 특정 부분의 전문기술도 불과 몇 년 사이에 그 중요성을 잃게 되는 경우가 많다. 즉 지식의 확장에 게을러서는 안 된다.

셋째, 담당 직무에 충실하라. 설사 달갑지 않은 일이라도 담당업무에 관한 한 가장 먼저 발 벗고 나서라. 사람들은 싫은 일에서조차 행동력을 발휘하는 사람을 존중하고 따른다.

넷째, 국제적인 실무경험을 쌓아라. 해외영업능력, 외국어능력, 시장조사능력처럼 직접 몸으로 하는 영역에서 능력을 발휘하라. 이제는 세계지도를 보고 비즈니스를 해야 하는 시대이며, 이런 시대는 무엇보다도 탁월한 행동가를 필요로 한다.

다섯째, 사내에서 새로운 사업 아이템을 개발한다. 기업가적 마인드를 갖고 성실한 자세로 공부하여 신규 사업 아이디어를 제안한다. 아이디어 제안 능력이 우수하면 발탁되는 경우가 많다.

여섯째, 성장 가능성이 있는 업무분야를 스스로 개척한다. 남이 못하는 업무영역에서 인사, 자금, 영업, 생산, 기획, 구매 등의 다양한 업무경험을 쌓는다. 이는 곧 지식과 행동이 겸비된 경영 컨설턴트로 발전하기 위한 밑바탕이 된다. 이 단계를 잘 습득하면 자신의 능력을 극대화시켜 종합력을 발휘할 수 있는 힘이 생긴다.

5
chapter

경험을 통해서 리스크를 줄여라

각고의 노력을 아끼지 않는 비상한 능력, 그것이 바로 천재의 모든 것이다.
인간이 현명해지는 것은 경험에 의해서가 아니라, 경험에 대처하는 능력에 따라서다.
자신이 가진 능력과 재질을 힘껏 발휘하자. 변화무쌍한 이 불안정한 세계에서
살아남을 가장 튼튼한 기초 재산은 오로지 자기 스스로에 대한 믿음뿐이다.
- 버나드 쇼

프로는 엄밀히 말하면 '일을 잘하는 사람'이 아니라 '자신
의 실수를 책임질 줄 아는 사람'을 의미한다. 사실 어떤 상황에서든
'그 일을 할 수 없었던 이유'는 찾기 나름이다. 시간이 없어서, 오늘
은 일진이 나빠서, 부하직원이 무능해서 등등 이루 헤아릴 수 없다.
하지만 실수에 핑계만 대는 것은 프로로서 실격이라고 할 수 있다.
아니, 프로라면 오히려 그 실수의 원인과 결과를 노트에 써두고 매번
기억하고 곱씹어야 한다. 그래야만 그 실수가 성공의 기반이 되고,
'실수·반성 노트'가 언젠가는 '성공 노트'로 전환되기 때문이다.

인간은 대개 실수에 약하다. 단 한 번의 실수로도 크게 위축되거나
자신감을 잃어 다른 일까지 두려워하게 되는데 이는 정말로 인간의
어리석은 면모 중에 하나가 아닐 수 없다. 하지만 실수를 했다고 해
서 모두가 바보인 것은 아니다. 같은 실수를 되풀이 하는 사람은 물

론 바보지만, 공부한 셈치고 실수의 원인을 분석하는 사람은 결코 바보가 아니기 때문이다.

이미 문제가 발생했다고 치자. 그렇다면 이제 어떤 대처 방법을 모색해야 할까?

문제 앞에 직면했을 때 가장 필요한 태도는 일단 불평하지 말고 차분히 대응하려는 자세를 만드는 것이다. 무슨 일이든 소극적이거나 허둥지둥해서는 잘 될 일도 망친다. 특히 이미 문제가 발생한 상황에서는 더욱 그렇다. 삽시간에 비관적으로 빠져버리는 사람은 해결할 수 있는 문제도 놓치고 만다.

하지만 이 모든 사실을 알면서도 급작스러운 문제가 닥치면 대부분은 심장이 두근대고 머릿속은 혼란스럽기 그지없을 것이다. 이럴 때 차분한 평정 상태를 되찾으려면 무엇보다도 사실 관계를 분명히 해두는 일부터 필요하다. 어떤 문제가 왜 일어났고, 그 과정은 어떠했는가 등등을 이성적인 원칙에 맞게 정리하는 것이다. 그리고 이런 식의 문제 정리만 잘 해도 그 문제는 95%가 해결된 셈이다. 그리고 나머지 5%는 몸으로 움직여 해결하면 된다.

그런가 하면 지식이든 기술이든 실수를 했을 때보다 향상된 부분을 신속히 흡수하고 소화하는 것도 실수를 만회할 수 있는 중요한 방법이다. 예를 들어 데스크탑을 쓰면서 늘 불편을 느끼다가 '노트북이 있으면 일의 능률이 획기적으로 오를 것이다.' 라고 생각되면 망

설이지 말고 구입해야 한다. 이 역시 데스크탑을 써보니 시간을 버리는 실수를 했음을 경험적으로 깨닫고 노트북을 통해 해결책을 모색하는 일이기 때문이다.

이처럼 경험은 크고 작은 실수를 통해 문제 해결의 지도를 보여준다. 중요한 것은 이 모두를 그냥 스쳐버리지 말고 장기적인 관점에 대입시켜보는 것이다. 실수 노트를 만드는 것은 그런 의미에서 아주 중요하다. 실제로 중고등학교 학생들 중에서도 유난히 공부를 잘 하는 학생들은 '오답 노트'라는 것을 만든다. 시험에서 틀린 문제나 자주 틀리는 문제를 따로 적어서 거기에만 집중적으로 시간을 투자한다. 이것이야말로 시험이라는 고비에서 겪을 수 있는 최대의 리스크를 줄이는 최상의 방법일 것이다. 또한 이런 학생들은 더 나아가 단순히 답을 아는 것에 그치지 않고 그 문제의 원리까지 완벽하게 파악해 버린다. 공식만 외워서는 그것을 변형한 문제에는 대처할 수 없기 때문이다.

업무에서도 일상에서도 마찬가지다. 만일 내가 유독 자주 범하는 실수가 있다면, 왜 내가 그런 실수를 범하는지를 깊이 있게 생각해볼 필요가 있다. 또한 그것을 꼼꼼히 노트에 정리하고 넘어가는 습관을 길러야 한다. 물론 경험은 달콤한 것이 더 좋다. 그러나 설사 쓰디쓴 경험이라 해도 그것을 어떻게 받아들이고 소화하느냐에 따라 독이 아니라 삶의 중요한 교훈으로 변화시킬 수 있다. 만일 이 모든 것이

어렵게만 느껴진다면 한 가지만 생각하자. 한번 한 실수는 다시 하지 않겠다는 다짐이다. 그리고 이것을 실천할 만한 능력만 있어도 이미 그 사람은 인생의 큰 리스크에서 벗어난 것과 다름이 없다고 할 수 있다.

변화를 위한
좋은 습관 만들기

1
chapter

집중하는 습관이 건강을 만든다

사람이 자신이 하는 일에 열중할 때 행복은 자연히 따라온다.
무슨 일이든 지금 하고 있는 일에 몰두하라. 그것이 위대한 일인지 아닌지는
생각하지 말고, 방을 청소할 때는 완전히 청소에 몰두하고,
요리할 때는 거기에만 몰두하라.
- 오쇼 라즈니쉬

한 노이로제 환자가 재미있는 방법으로 병을 고친 이야기를 들은 적이 있다. 그는 작은 일에도 예민하게 반응하고 완벽해야한다는 강박증에 시달리는 사람이었다. 그러던 어느 날 그는 이 노이로제를 고쳐보기로 마음을 먹었다. 그리고 몸도 움직이고 다른 곳에 신경을 돌릴 겸 매일 아침 일찍 일어나 사당에 나갔으며, 바늘을 꽂은 긴 대나무 작대기를 들고 사당 경내 안에 떨어져 있는 담배꽁초를 주웠다. 그리고 이것을 매일 아침 반복하다 보니 놀랍게도 노이로제가 사라진 것이 아닌가!

그렇다면 과연 그 사람에게 어떤 일이 일어난 걸까? 모르긴 몰라도 아마 그는 무엇인가에 정신을 몰두하면서 기운을 회복했을 것이다. 작대기 끝 바늘로 꽁초를 줍기 위해 정신을 집중하고 있는 동안 점차로 심신이 상쾌해지고 복잡한 심경을 정리할 수 있게 된 것이다.

실제로 노이로제는 큰 병이라기보다는 마음의 괴로움 때문에 생기는 병이다. 마음의 갈등이 대뇌의 일부 신경세포의 움직임에 갈등을 일으켜 극도의 피로를 일으키고 이것이 다시 노이로제가 된다. 따라서 노이로제를 고치려면 대뇌에 있는 신경세포의 갈등을 없애야 하는데, 이때 제일 좋은 방법이 바로 무엇인가에 집중하는 것이다. 어떤 일에 깊이 집중하면 거기에 주의가 흘러들어 갈등을 일으켰던 마음도 약해지기 때문이다.

뿐만 아니다. 이 같은 집중은 신경 계통을 원활히 하고 동시에 호르몬 계통의 움직임까지 활발하게 만들어 점차로 건강을 되찾는 데도 도움이 된다. 앞의 예에서는 매일 아침 꽁초를 줍는 일이 신경 계통과 호르몬 계통의 움직임을 좋게 해서 노이로제를 고칠 수 있게 된 셈이다.

이와 같이 무언가에 집중하는 일은 신경에도 신체에도 매우 이롭다. 그러나 때로는 이런 원리를 잘 모르고 집중이 오히려 피로를 불러온다고 생각하는 경우가 있다. 하지만 그것은 어처구니없는 오해다. 실제로 두뇌와 신체의 피로는 얼마나 길게 사용했나 하는 시간상의 문제가 아니라 어떻게 사용하느냐 하는 방법에 따라 달라지기 때문이다.

여기 두 사람이 있다. 두 사람은 똑같은 일을 하고 있지만 마음가짐은 서로 다르다. 한 사람은 즐겁게 하고, 한 사람은 억지로 한다.

이때 같은 일을 해도 억지로 하다 보면 마음에 갈등이 생겨 빨리 피로를 느낄 것이며, 반면 기쁜 마음으로 집중하게 되면 신경이 긴장되어 의욕이 생기고, 호르몬이 분비되어 생각보다 피로를 덜 느끼게 된다.

이처럼 인간의 집중은 때로 굉장한 힘을 이끌어내는 마력의 힘이다. 집중 자체가 우리의 정신력과 체력을 매우 강하게 움직이는 것이다. 실제로 화재가 났을 때 장롱이나 무거운 것들을 번쩍 드는 '화재장력'이 발휘되는 경우가 있는데, 이 역시 정신 집중의 한 형태라고 할 수 있다. 그런가 하면 최근 자주 시술되는 최면술에서도 이 같은 집중의 힘을 확인할 수 있다. 어떤 최면의 경우, 최면에 걸린 사람이 어깨 의자의 한쪽 모서리에 얹은 상태에서 다리를 다른 한쪽의 모서리에 얹어도 편안히 누워 있는 것이 가능하다. 이는 일종의 전신 경직인데, 환자가 암시의 언어에 따라 자신도 모르게 집중력을 발휘하게 된 경우다.

반대로 이런 일도 있다. 장의 상태가 나쁠 때 맥주를 마셔 설사를 한 사람이, 그날 이후부터는 맥주를 마실 때마다 설사를 하는 경우가 있다. 또 우유를 마셔 설사를 하게 된 사람이 그 이후 우유를 마실 때마다 설사를 하게 되는 때도 있다. 이 역시 일부는 집중력이 원인이다. 다시 말해 우유나 맥주가 좋지 않다는 강한 의식이 대뇌 안에서 '맥주가 들어오면 설사를 한다'는 반사 행동을 불러일으킨 것이다.

보통 이 같은 조건반사는 몇 번을 반복해야 일어나지만 때로는 단 한 번의 경험이 같은 현상을 만들기도 하는데, 이는 그 단 한 번의 경험에 강한 의식이 집중되기 때문이다.

이처럼 강한 믿음은 육체와 정신 모두에서 커다란 영향력을 발휘하는데, 때로는 이 강한 집중의 효과가 강한 '운'으로 이어지기도 한다. 오래전 한 올림픽에서 일본팀과 러시아 팀이 배구의 우승을 놓고 싸우게 되었을 때의 일이다. 양 팀은 실력 차이가 거의 없었는데, 일본팀의 서브가 돌아오는 횟수가 많아졌고, 그때부터 일본팀이 갑자기 강해지기 시작했다. 그들은 서브가 올 때마다 자신들의 '운'이 강해진다고 생각했고, 평소 이상의 실력을 발휘했다. 반대로 러시아 팀은 상대적으로 약해지고 실수가 많아졌으며, 이렇게 실수가 빈번해져 서브가 일본팀으로 넘어가면 일본팀은 '운'을 얻었다고 기뻐하고, 러시아 팀은 점점 더 큰 갈등에 휩싸였다.

필자는 이 경기를 통해, 동등한 실력을 가졌을 때는 믿음과 집중력이 큰 역할을 한다는 것을 깨달았다. 특히 갈등이 끼어들게 되면 있던 실력도 사라진다는 것을 알 수 있었다. 그리고 당시 일본 배구팀의 감독은 확실히 이와 같은 승부 심리를 잘 알고 있었던 듯했다. 듣자하니 그는 매일 8시간 반 동안 맹연습을 통해 선수들로 하여금 몸을 철저히 단련하도록 했다고 한다. 즉 어떠한 쇼크에 부딪쳐도 동요하지 않고 집중적으로 경기를 펼칠 수 있는 근력을 키워낸 것이다.

덕분에 일본 선수들은 러시아 팀에 서브를 빼앗겨도 그다지 갈등을 일으키지 않고 다시 서브를 빼앗아 시종 유리한 시합으로 리드할 수 있었다.

이처럼 인간은 복잡한 갈등을 누르고 얼마나 끊임없이 집중적으로 업무를 수행하느냐에 따라 능력 계발에도 차이가 난다. 다시 말해 어떻게 집중력을 잃지 않고 자기 일을 해나가는가가 자기 계발에 큰 영향을 미치며, 집중만큼 훌륭한 정신강장제도 없다는 의미을 알았다.

내 장점을 보여주기

사람을 고용할 때는 성실성, 지능, 에너지 등 세 가지 자질을 기준으로 해야 한다.
만약, 성실성이 부족하다면 나머지 두 자질이 오히려 당신을 위험에 빠뜨릴 것이다.
· - 워렌 버펫

우리는 누구나 조직 안에서 스스로를 부각시키고 성장하고
싶어 한다. 하지만 그러기 위해서는 먼저 그 조직의 구성원들로부터
적절한 인정을 받는 일이 선행되어야 한다. 다시 말해 과장이 되고
싶다고 생각했다면 분명히 상사나 주위 사람들로부터 '이 사람이라
면 안심하고 직책을 맡길 수 있다.'는 식의 신뢰를 획득해야 한다. 맡
은 직책이 강력한 힘을 발휘하게 되는 것도 그런 신뢰를 얻은 뒤에야
가능하며, 반대로 모략과 권모술수를 동원한 직책은 구성원의 동조
를 얻지 못하므로 결코 오래 갈 수 없다.

그렇다면 조직 속에서 자기를 인정시키려면 어떻게 해야 할까? 먼
저 자신의 실력, 장점, 개성, 사상 등 자신의 미래 모습과 독자성을
주위 사람들에게 정확하게 알려야 하는데, 이처럼 상대로 하여금 내
게 호감을 갖도록 함으로써 업무 활동을 유리하게 전개해가는 대인

전략, 대조직 정책을 이른바 'PI(퍼스널 아이덴티티) 전략'이라고 말한다. 그런가 하면 이 PI전략은 상대의 호감을 이끌어올 뿐만 아니라, 자신의 독자성을 부각시켜 타인과 명확한 차이를 두는 차별화 전략이 되기도 한다. 이 'PI 전략'을 잘 수행하려면 다음과 같은 핵심적인 내용을 숙지해둘 필요가 있다.

① 자기 자신을 먼저 알기

자신의 본질을 잘 알아야 진정한 자신감도 발휘할 수 있다. 이처럼 PI전략의 첫 단계는 자기 자신을 아는 것이다. 손자병법에서 강조하는 "적을 알고 자기를 알면 백전백승, 적을 알지 못하고 자기만 알면 일승일패, 마지막으로 적과 자신을 모두 알지 못하면 백패할 수밖에 없다."는 말을 되새겨보자.

② 방향 설정과 일터 창조를 도모한다.

내가 지금 가고자 하는 길을 걷고 있는가, 향하고 있는 방향은 본래 향하고자 했던 정확한 방향인가를 확인한다. 만약 현재 자신의 직종과 배치된 부서가 적성, 방향성, 적재적소로 부적합할 경우에는 직종 변경이나 배치 전환을 고려해 적합한 직무를 맡는 것이 중요하다.

③ 종합력을 강화한다.

인간은 세 가지 힘(力)을 가지고 있다. 첫째는 지력(知力), 둘째는 체력(體力), 셋째는 기력(氣力)이다. 그리고 힘(力)은 이 세 가지를 종합한 것이다. 우선, 자신의 지력을 평가할 때는 자기 두뇌의 특성(장점)을 파악하는 것이 중요하다. 예를 들면, 무슨 일이든 잘 착안하고 두뇌 회전이 빠른지, 숫자 개념이 강한지, 아이디어를 잘 내는지 등을 파악하면 자신의 적성도 잘 알 수 있다.

또한 체력을 체크하는 일도 중요하다. 체형, 유전, 혈액형 등 자기 의지로 컨트롤 할 수 없는 신체적 조건을 잘 파악하는 것은 물론, 항상 단련과 절제를 게을리 하지 말아야 한다. 이 기력은 업무가 아무리 어려워도 끝까지 완수하는 능력과 관련이 있다. 이처럼 자신의 지력(知力), 체력(體力), 기력(氣力)을 축적하여 강화책을 체우면 종합력을 강화하는 데 도움이 된다.

④ 자기 품위를 높일 것

인간은 감성(感性)과 지성(知性)을 모두 가지고 있으며, 일반적으로 감성형과 지성형으로 구분된다. 이때 만일 감성이 우수하다면 감성을 크게 필요로 하는 직종에 임하는 것이 좋고 지성이 강하면 지성이 맞는 직업을 택해야 할 것이다. 그러나 감성만 풍부하고 지성이 빈약하거나 지성만 우수하고 감성이 빈약해도 우리의 품성은 열악해진다. 따라서 감성과 지성을 혼합한 품성을 갖추는 것이 중요하며,

이를 균형 있게 연마할 필요가 있다.

⑤ 올바른 태도를 나타낼 것

일에 임하는 자세, 사람에 대한 태도, 근무 중의 동작 등 직장에서의 모든 행동과 언어는 하나의 인물상과 같다. 여기서 주의해야 할 점은 바로 나쁜 습관이다. 사람은 모르는 사이에 나쁜 습관이 몸에 배는 경우가 있는데, 문제는 스스로는 그것을 느끼지 못한다는 점이다. 따라서 주기적으로 자신의 태도와 행동양식을 분석해 나쁜 습관은 빨리 고칠 필요가 있다. 치도록 한다. 실제로 PI 전략에서는 이 같은 올바른 태도가 큰 비중을 차지한다.

⑥ 좋은 품성, 좋은 성격, 그리고 자신의 개성화

성격은 비즈니스에서 매우 중요한 요소이다. 아무리 머리가 좋거나 외모가 훌륭해도 성격이 나쁘면 조직 속에서 고립된다. 조직 속에서 스스로를 육성하고 향상시켜 가려면 솔직함, 온후함, 겸허함, 명랑 활달함, 협조성, 정직함, 적극성 같은 바람직한 성격을 키워야 하며, 이 중에서도 솔직함은 실무능력 향상에 있어 무엇보다 중요하다. 왜냐하면 솔직한 사람일수록 현장실무를 신속하게 받아들여 소화하기 때문이다.

또한 자신의 성격을 잘 분석하여 좋은 성격을 발견하고 그 장점을 철저하게 자신의 개성으로 만드는 것도 중요하다. 저 사람은 정말 정직한 사람이라든가, 저 사람은 활달한 사람이라는 평가를 받는다는 것은 직장에서 자신을 육성해 가는데 큰 힘이 된다. 좋은 성격의 개성화는 최고의 PI전략의 하나이다.

⑦ **넘버원 전략을 추진한다.**

이처럼 자신에 대해 파악이 되었다면 이제부터는 자신의 가장 큰 장점을 주위 사람들에게 잘 드러내 높은 평가를 얻어야 한다. 즉 "이것이 나의 최고의 장점(강점)이다."라고 말할 수 있는 것을 한두 가지 도출하여 집중적으로 육성하며, 이를 꾸준히 연마해 결점은 희석시키고 장점을 더욱 돋보이도록 한다.

반복을 통해 새로운 습관을 습득하라

마음을 다하며 열심히 일하는 사람들은 힘든 일과 훈련된 참된 가치를 잘 알고 있다.
훌륭한 선수들에게서는 훈련을 갈망하고 또 그것을 필요로 하는 태도를 찾아볼 수 있다.
- 빈스 롬바르디

우리는 일상 속에서 의식적이 아닌 무의식적인 결정을 내릴 때가 많다. 이를테면 음식을 먹을 때도 숟가락으로 음식을 떠서 입으로 가져가지만, 사실 이때 손은 뇌에 입력된 정보에 의해 기계적으로 작동한 결과일 뿐이다. 이처럼 우리의 행동은 많은 부분이 무의식에 입력된 수많은 바코드의 지배를 받고 있으며, 이 모두를 통틀어 '습관'이라고 말한다.

사실 이 습관들은 하루아침에 생기는 것이 아니다. 습관이 형성되려면 아주 오랜 시간이 필요하며 기억할 수조차 없는 아주 어린 시절까지 돌아가야 할지도 모른다. 또한 습관은 전 생애에 걸쳐 형성되며, 한번 형성되면 점점 더 견고하게 굳어진다. 연륜과 경험이 많을수록 습관이 강하게 자리하고, 대신 변화를 수용하는 유연성이 적어지는 것도 그 때문인데, 이때 이 습관이 양질의 유익한 정보를 계속

무의식속으로 받아들이면 좋은 습관이 되고, 나쁜 정보를 받아들이면 나쁜 습관으로 굳어진다.

그렇다면 나쁜 습관을 좋은 습관으로 바꾸는 방법이 정말로 있을까? 이는 분명히 가능한 일이며, 그 답도 의외로 단순하다. 바로 '반복'이다. 독서습관, 원칙에 충실함, 공감과 배려, 용기, 긍정적 태도, 우선순위 확보, 시간관념, 계획적인 지출, 순리에 맞는 일처리 등 이 모두가 반복을 통해 충분히 개선할 수 있는 부분들이다. 현재 내가 어느 정도 수준인지를 정확히 파악한 뒤 좋은 방향으로 반복적으로 점검하고 실행하면 나쁜 습관이 방향을 바꾸어 긍정적인 습관으로 흐르게 된다.

예를 들어 군대에서는 매일 구보를 한다. 이는 뛰는 것이야말로 전쟁 임무를 위한 가장 기본이며, 구보를 잘 하려면 습관이 그만큼 중요하기 때문이다. 그렇다면 지금부터, 내가 매일 반복하고 있는 일은 무엇인가를 생각해보자. 그것이 차곡차곡 쌓여 무의식 속의 바코드가 되었다가 자신도 모르는 순간 행동으로 튀어나오지는 않는지 살펴보자. 즉 우리는 습관을 고친다는 것이 획기적인 사건을 통해서 이루어지는 것이 아니라는 점을 명심해야 한다. 어느 날 갑자기 천사가 나타나 기적을 행해주지 않는 한, 그저 일상을 통해 내 의식 속에 형성된 잘못된 부분을 스스로 고쳐나가야 한다.

지금부터라도 자신에 대해 냉정한 평가를 해보고, 무형적 자산과

유형적 자산 목록을 만들어보자. 그리고 그 자산이 어떻게 현재의 자신을 한 단계 발전시킬 수 있는지를 생각해보자. 스스로를 성장시킬 만한 습관들이 형성되어 있는가를 자신에게 물어보고, 만일 그렇지 않다면 그런 습관을 만들 날까지 더 정진하겠다고 다짐해보자.

일의 장점을 찾고 일과 공감하라

> 조화된 인격을 갖춘 자가 조화된 인격을 갖추지 못한 자를 길러주고
> 재능있는 자가 재능없는 자를 길러준다. 그래서 사람들은 조화된 인격을 지니고
> 재능있는 부형을 갖는 것을 즐거워한다. 만약에 조화된 인격을 갖춘 자가 갖추지 못한 자를 버리고
> 재능있는 자가 없는 자를 버린다면 잘난 사람과 못난 사람은 무엇이 다르겠는가.
> - 맹자

　사람이 하는 일이 대개 그렇듯이, 모든 업무에는 장, 단점이 다 존재한다. 그런데 업무가 싫다는 생각이 머릿속에 꽉 차는 것은 그 업무의 나쁜 점만 보이기 때문이다. 따라서 만일 그 업무의 좋은 점까지도 보게 되면 그 일을 좋아하는 것도 가능해진다.

　문제는 대개 좋은 면을 보고 있는 사람에게는 나쁜 면이 보이지 않고, 반대로 나쁜 면을 보고 있는 사람에게는 좋은 면이 잘 보이지 않는다는 점이다. 하지만 이런 위험도 일정한 노력을 하면 충분히 극복할 수 있다. 하고 있는 일이 힘들게 느껴질 때, 그 업무의 의의를 파악하고 의미를 부여하는 것 역시 업무의 좋은 면을 찾는 데 큰 도움이 된다. 사람이란 의미 없는 일만 하다 보면 견딜 수 없어지고 반대로 의미를 부여하면 활기가 넘치기 때문이다.

　가령 옛날 죄인에 대한 형벌 중에 이런 것이 있었다. 커다란 장독

대 두 개를 두고 하나에서 물을 퍼내어 다른 통에 가득 채운 뒤, 다시 그 통에서 물을 퍼 빈 나머지 통에 가득 채운다. 이 작업이 몇 백 번, 몇 천 번 되풀이되면 대부분의 죄인은 견뎌내지 못하고 점차 미쳐가게 된다.

업무를 수행할 때에도 이와 비슷하다. 하고 있는 일에 의의를 느끼지 못하면 못할수록 고통은 커지고 집중력도 흐려진다. 그렇다면 왜 업무가 싫어지는가? 대개는 그 업무가 시시하고 재미없기 때문이며, 이는 그 업무를 재미있게 하는 방법을 알지 못했다는 뜻이다. 하지만 돌이켜보면 어떤 업무도 재미있게 할 수 있는 방법이 없지는 않다.

예를 들어 어떤 사람이 베토벤의 작품을 듣고 훌륭하다고 생각하거나 피카소의 그림을 보고 감동한다고 치자. 이는 그 사람의 마음은 베토벤이나 피카소에게 공감하고 있기 때문이다. 즉 베토벤과 피카소를 이해할 수 있는 어떤 것이 마음 한가운데 자리 잡은 것이다. 이는 TV의 수신기를 방송국 주파수에 맞추는 것과도 비슷한 일이다. 안에 있는 전파와 밖에 있는 전파가 일치되어 화면에 영상이 비춰지듯 말이다. 이처럼 외부의 그 무엇인가를 잡아내려면 내부에 무언가 동일한 것이 있지 않으면 안 된다. 즉 베토벤에 열중하고 피카소에 빠지려면 베토벤과 피카소를 이해하는 그 무엇이 대뇌 한가운데에 없으면 안 되는 것이다.

업무에 집중하는 일도 비슷한 이치에서 이루어져야 한다. 업무가 재미없게 느껴지는 것은 그 사람에게 그 업무를 이해할 만한 마음이 없기 때문일지도 모른다. 즉 업무를 재미있게 처리하려면 우선적으로 그 업무를 잘 이해하려는 마음을 가져야 하고, 그러려면 업무를 파악하는 일이 매우 중요해진다. 예를 들어 바둑에 재미를 느끼려면 정석을 확실하게 배우고 그것을 잘 마스터하는 일이 선행되어야 할 것이다. 그러면 언젠가는 실전에서 배워둔 정석을 활용해야 하는 국면에 부딪치면 무릎을 치며 쾌재를 부르게 될 것이다. 베토벤과 피카소에서 감동을 느끼는 것도 이와 비슷한 심리 상태라고 할 수 있다. 다시 말해 마음속에 있는 모든 것과 외부에 있는 것이 조화를 이루면 큰 기쁨을 맛볼 수 있게 되는 것이다.

따라서 업무에서도 자신이 하는 일을 합리화하거나 작업에 있어서 능률화하는 원리를 잘 마스터하자. 그리고 이를 통해 자신의 일과 작업을 개선하고 능률화하는 것에 보다 능숙해지면, 하기 싫었던 업무에서도 크고 작은 기쁨을 느끼는 일이 가능해질 것이다.

변화를 위한
'나쁜 습관' 버리기

1 chapter 내일은 결코 오지 않는다

과거에 대해 생각하지 말라.
미래에 대해 생각하지 말라.
현재에 살라.
그러면 모든 과거도 모든 미래도 그대의 것이 될 것이니.
- 오쇼 라즈니쉬

많은 이들이 공감하듯이 20대는 인생에서 가장 중대한 기로라고 해도 과언이 아니다. 20대는 10대를 지나면서 쌓아온 성격이 점차 외부로 드러나는 시기이자 곧 30대라는 왕성한 시기를 맞이해야 하는 무렵이기 때문이다. 따라서 20대는 지난 20년을 갈무리하는 시기인 동시에 더 풍요로운 인생을 살아가기 위한 '기본'을 숙달해야 할 준비 기간이기도 하다. 20대는 30대와 40대와는 달리 아직 유연성을 잃지 않으며, 반면 10대보다는 분별력이 높은 만큼 20년 동안 쌓아온 나쁜 습관은 고치고 새로운 습관을 만들어갈 수 있는 것이다. 그리고 바로 20대에 몸에 배인 '성격'은 앞으로 그 사람의 일생을 지배하게 된다.

예를 들어 20대에 자신의 가치를 평가 받지 못한 사람의 경우 30대에서도 제대로 인정받는 일이 어려워진다. 이런 점에서 20대는 기본을 익혀야 되는 세대이며, 내가 습관을 이야기할 때 20대를 강조하는 것도 그런 이유에서다. 하지만 이것이 비단 20대에게만 해당되는 이야기는 아니다. 20대를 통틀어 지금 이 순간을 살아가는 우리에게 가장 중요한 것은 무엇일까?

젊은 시절은 체력, 정신력, 활력이 보장되는 인생의 황금기다. 이러한 귀중한 시기에 어떤 인생 프로그램을 작성했는가가 인생의 성공을 결정짓는 중요한 열쇠가 된다. 이 무렵에는 가정의 행복, 사업의 번창, 안정된 생활, 경영자의 길, 전문분야에서의 프로 등 천차만별의 목표와 꿈이 있고, 누구나 꿈을 안고 미래를 설계하면서 성장하게 된다. 꿈을 향해 목표를 하나씩 실천해가며, 목적과 목표를 설정하고 가능한 한 그것을 구체화시켜 가는 것이 바로 젊은 시절에 걸맞은 인생 계획일 것이다. 또한 인생 계획을 짠다는 것은 사업 계획을 짜는 것과 비슷하다는 생각으로 하나하나 꼼꼼히 되짚어 보아야 하는 것이다. 다음은 20대의 계획을 짜기 위한 방법들이다.

▶ 현실 - 현재 당신의 상황에 대한 인식 파악하기
▶ 목적 - 당신은 어떻게 되고 싶은가, 그리고 어떻게 인생을 살고 싶은가? 에 대한 설정
▶ 목표 - 그것을 성취하기 위해서는 언제까지 무엇을 어떻게 할 것인가? 에 대한 마음가짐

▶ 해결방법 - 어떠한 해결방법을 갖고 있는가? 에 대한 계획

▶ 시스템 - 구체적인 계획 · 실행방법은 무엇인가? 에 실행 파악

그러나 이 같은 목적 설정이 오히려 커다란 부담을 주어 우리를 좌절하게 만드는 수도 있다. 당장 눈에 보이는 결과를 얻지 못할 때 우리는 오히려 좌절하게 된다. 이때 한 가지 사실을 염두에 두어야 한다. 인간은 결코 시간을 소유할 수 없다는 점이다. 시간은 언제나 너무 빨리 지나간다. 따라서 비단 20대가 아니라도 새로운 삶을 위해서는 하루라도 빨리 목표를 설정하고 미래를 향해 어떤 순서로 행동할 것인가를 설계하라.

빠른 자가 선두를 달린다는 원칙은 인생의 경주에서도 마찬가지다. 과거 옥스퍼드대학 교수이자 유명한 의사였던 윌리엄 오슬러는 젊은 시절 "인생을 어떻게, 무엇을 하고 살아야 하는가?" 라고 고민하다가 토머스 칼라일이 쓴 책의 한 구절을 읽고 위기로부터 벗어날 수가 있었다. 거기에는 이렇게 써 있었다고 한다.

"인생에서 중요한 임무는 먼 곳에 있는 것을 희미하게 보는 것이 아니라, 확실하게 보이는 가까운 곳에 있는 것을 실행하는 것이다."

이 말을 읽은 후 그는 철저히 현재에 충실하겠다고 결심했으며, 지나간 일들은 과거로 묻고 미래를 향한 문도 잠시 닫아 버렸다. 내일을 향한 가장 좋은 준비란 결국 오늘 이 순간 지식과 정열을 집중하는

것이라는 사실을 깨달았던 것이다. 그리고 얼마 후 그는 당대의 가장 유명한 의사가 되었다.

우리에게 주어진 시간은 오직 24시간뿐이다. 과거와 미래는 닫아 버려라. 습관을 조정하는 일도 마찬가지다. 먼 곳의 미래에 지나치게 매달리거나 과거에 연연하는 대신 오늘 해야 할 일의 리스트를 만들어 중요한 일부터 먼저 처리하라. 내일은 결코 오지 않는다.

2 chapter

열정을 쏟을 만한 돈의 흐름을 읽어라

돈에 대한 사랑은 인간을 움직이는 강력한 동인(動因)이다.

-존 스튜어트 밀

경제 위기 이후 우리 사회는 많은 부분이 달라졌다. 가장 눈에 띄는 변화 중에 하나는 말 그대로 '준비되지 않은' 퇴직자들이 쏟아져 나오기 시작했다는 점이다. 이런 상황을 대변하듯이 서점가에서도 이들을 겨냥한 자기계발서적이나 경제·경영서들이 물밀듯이 쏟아져 나왔다. 하지만 대개는 이미 지치고 지친 퇴직자들에게 무조건 열정적으로 일하라고 다그치는 내용들이었던 게 사실이다.

물론 회사에서 시키는 일만 해왔던 이들에게는 이마저도 반가운 말일 수도 있다. 실제로 '열정'이라는 단어는 다시 시작하겠다는 이들에게 비장감마저 더해 주었으며, 이런 책을 읽고 열심히 사는 사람도 늘었고, 꿈꿔왔던 일을 결행하는 이들도 많아지기 시작했다. 문제는 그런 노력에도 불구하고, 정작 눈에 띄는 성과를 내는 사람은 그리 많지 않다는 사실이다. 아무리 자기계발 책들이 외치는 대로 따라

해도 좋은 결과를 얻기는 어렵기만 하고, 결국에는 책을 읽기 전의 상태로 돌아가고 만다.

실제로 '열정'을 외치는 책들은 대개 거창한 구호들만을 나열할 뿐 제일 중요한 것을 빠뜨리고 있다. 바로 돈이 흘러 다니는 시장이 어디인지, 어떤 일을 시작해야 하는지에 대해서는 별 이야기가 없다. 사실 요즘 같은 세상에, 열정을 불사르면 돈은 자연히 따라오리라는 믿음은 사실 너무 순진한 생각이라고 해도 과언이 아니지 않을까? 실제로 우리 주변을 둘러보면 아무리 자기가 잘하는 일에 사력을 다해도 형편이 넉넉하지 못한 경우도 얼마든지 있음을 알 수 있다.

예를 들어 어떤 회사가 있다고 하자. 그 회사는 모두가 밤낮을 가리지 않고 일을 하는데도 불구하고 수익을 별로 올리지 못한다. 그렇게 되면 직원들도 서서히 지쳐가게 마련이며 결국에는 회사도 문을 닫게 되리라는 것이 불 보듯이 뻔하다. 그렇게 회사가 사라지면 직원들도 더 이상 자신이 잘하는 일을 할 수 없게 되고, 열정을 실현할 곳도 없어지게 된다. 그것은 개인에게도 마찬가지다. 무작정 덤벼들어 인생을 걸기 전에, 과연 자기가 열정을 쏟아 만들어낸 결과물을 사줄 사람은 있을지, 수익은 괜찮을지를 점검해야 한다.

이를테면 여기서 우리는 미국의 경영 이론가 짐 콜린스가 말한 '고슴도치 컨셉트'를 되새겨보는 것도 나쁘지 않을 것이다. 고슴도치 컨셉트란 '단순한 집중력' 을 최고의 생존 전략으로 삼는 새로운 혁신 방식이다. 예를 들어 고슴도치는 자기를 잡아먹으려는 교활한 여우의 공격을 이겨낼 때 여러 방법을 사용하는 대신 가시를 세우고 몸을 공처럼 말아 버리는 단순한 방법만을 사용한다. 그럼에도 일단 그런 행동을 잘 해내면 천하의 여우도 잡아먹을 재간이 없게 된다. 그러나 이처럼 집중 분야를 고슴도치처럼 단순화하여 '최고가 될 수 있는 일' 과 '깊은 열정을 가진 일' 을 강조하는 콜린스도 한 가지 조언을 잊지 않는다. 자신이 최고로 잘 할 수 있는 일에 집중하되 '경제 · 엔진을 움직이는 일' 을 절대로 빠뜨려서는 안 된다고 강조하는 것이다. 즉 콜린스는 어떤 일에 열정을 가지되, 여러가지 경제적 조건들을 무시해서는 결코 안 된다는 점을 지적하고 있다. 그렇다면 여기서의 경제 엔진이란 무엇이겠는가? 다들 잘 알겠지만 한 마디로 돈, 기업에게는 현금 흐름이 될 것이며, 일반 직장인이나 퇴직자들에게는 매달, 매년 버는 수입이 될 것이다.

최근 들어 훌륭한 비즈니스모델과 헌신적인 직원들을 갖고 있는 벤처 기업들 중 적잖은 업체들이 소리 소문 없이 사라지곤 한다. 그리고 그 원인은 물론 여러 가지가 있겠지만 핵심적인 문제 중에 하나가 바로 위에서 말한 것들이다. 열심히 발명해놓고도 그 시장성을 획득하지 못하면 열정도 집중도 아무 소용이 없어진다. 즉 아무리 열정적으로 업무를 시도한다 해도, 시장을 생각하는 자세, 돈을 잊지 않는 마음이 있어야 성과를 얻는 것이 가능하다는 뜻이다.

말보다 행동이 중요하다

3 chapter

> 결단을 내리면 즉시 실천하라. 김은 새어나가기 마련이다.
>
> -손자병법

버스가 지나간 뒤에는 손을 흔들어도 아무 소용이 없다. 어떤 이들은 기회를 기다리고, 마땅한 동기를 찾고, 위험부담을 피하려고 잔머리를 굴리다가 세월을 흘려보내고 남은 것은 빈주먹뿐인 경우가 있다. 똑똑한 사람은 쌔고 쌨는데 그 중에서도 누구는 성공하고 누구는 낙오되는 이유는 뭘까?

여기서《액션》의 저자 로버트 링거가 한 말을 돌이켜보자. 그는 세계적인 물류 업체 페덱스의 프레드 스미스에 대해, 집에서 편하게 택배를 받는 상상은 누구나 했지만 프레드 스미스는 "누구나 가지고 있던 아이디어를 행동으로 옮긴 단 한 사람이었다."고 말한다. 즉 그의 성공 비결은 생각만으로 떠돌던 이론을 직접 행동으로 옮기는 데 있다. 이는 인생에서 완벽한 기회만 찾는 사람보다는 몸으로 움직이는 사람이 빠르다는 결과를 말해준다. 실로 완벽한 기회는 아무리 기다려도 오지 않는다. 일을 시작하고자 하는 마음의 준비, 즉 동기도 마찬가지다. 행동하기에 적당한 때는 바로 지금이며, 일단 행동을 하면 자연스럽게 동기가 따라온다. 즉 프레드 스미스는 그 상상을 곧바로 실행으로 이끌어낸 경우였다.

여기서 수차례 〈뉴욕타임스〉 베스트셀러 1위에 오른 유명 작가인 로버트 링거가 실제로 경험해본 '실행의 마법'을 살펴보자. 그는 생각만 하고, 말만 많고, 계획만 세우고, 회의만 하는 사람들에게 경종을 울리면서, 강력한 실행력, 말 그대로 '하면 된다! 는 것을 강조하고자 했다. 그는 지나친 생각에 파묻혀 머뭇거리기만 하는 사람에게 이렇게 조언한다.

"진짜 뭔가 저지르는 놈들은 엉덩이를 들고 움직이는 놈이다!"

이와 비슷한 사례가 회사에서도 비일비재하게 벌어졌다. 어느 회사에서 한낱 과장이었던 사람이 부하에게 이런 말을 했다고 한다. "아무튼 나는 평사원으로서 올라갈 수 있는 데까지 가고 싶네. 모두들 잘 부탁하네." 놀랍게도 이후 그 과장은 실제로 자신의 말을 행동으로 옮기기 시작했다. 2년 후에 차장, 3년 후에 부장, 5년 후에 이사, 다시 2년 후에 상무가 된 것이다. 그러는 동안 그의 부하 직원들역시 자연스레 그를 존경하게 되었고 그가 승진을 거듭하는 동안 그를 충실히 따랐다. 이는 "내 언젠가는 할 테니 믿어주게."를 백 번 반복하는 것보다 '반드시 해내고 말테니 오늘 이 순간부터 날 따르라."

고 분명하게 말해주는 이들이야말로 진정 정상에 오른다는 것을 말해준다. 즉 예를 들어 학자는 엉덩이와 입이 무거워야 충실히 공부할 수 있다지만, 학자 아닌 어떤 이들에게는 재빠른 손과 발이 무거운 엉덩이와 입보다 필요한 경우도 있다는 것이다.

실패에서 성공의 싹을 틔워라

어떤 결정의 순간에서든, 당신이 할 수 있는 최선의 것은 올바른 것이며,
그 다음은 옳지 않은 것이며, 최악의 행동은 아무 것도 하지 않는 것이다.
- 테어도어 루스벨트

지금부터 제2차 세계대전 때 있었던 사건 하나를 이야기 하도록 하겠다. 2차세계대전은 사실상 시작부터 그 결과가 예고되어 있었다고 할 수 있다. 특히 태평양전쟁의 경우는 더더욱 미국의 승리가 명확하게 확정난 상황이었다. 그런데 놀라운 일이 일어났다. 어느 순간부터인가 일본군들이 파죽지세로 태평양의 전략 요충지들을 하나둘씩 점령하기 시작한 것이다. 그러자 일본을 깔보던 미국도 내심 크게 당황하기 시작했고, 나날이 일본 전투기들의 활약이 두드러지면서 곳곳에서 미국 기지도 큰 피해를 입는 상황이 연출되었다.

이때부터 미국은 깊이 고심하기 시작했다. 그리고 자신들이 공언했던 전쟁의 승리가 사실은 실패할 수도 있다는 점을 깨달았다. 그리고 과연 무엇을 해야만 이 난국을 헤쳐갈 수 있을지를 생각했고, 결국 상공에서의 전투가 전쟁의 승패를 결정할 것이라고 판단했다. 이

후 미국은 당시 MIT 대학의 로버트 위너 교수에게 의뢰하여 초정밀 고사포 조준장치의 설계를 의뢰하였으며, 그 결과 인간의 뇌와 같은 고도의 작용을 하는 자동 제어장치를 가진 기계가 발명되었다. 이것이 바로 이 지상에 컴퓨터가 출현하게 된 유래에 얽힌 이야기다.

이후 이 놀라운 발명품인 컴퓨터는 당장 실전에 옮겨져 일본 비행기들을 거침없이 격추시켰고, 일본 또한 갑자기 나타난 신병기에 의해 크게 위축됨으로써 결국 하늘의 전쟁은 미국의 승리로 끝이 났다.

그러나 이야기는 여기서 끝나지 않는다. 이후 일본의 대기업들은 전쟁의 패배를 잊지 않았다. 한 시대의 역사를 완전히 뒤바꾸어 버린 컴퓨터에 대해 묘한 승부욕마저 갖게 되었다. 그들은 대부분 전쟁 당시 전략 물자를 생산하던 기업들이었던 만큼, 전쟁의 패배를 누구보다도 크게 실감하고 있던 차였다. 결국 이 기업들은 과거의 쓰라린 기억에서 벗어나고자 컴퓨터에 승부를 걸었으며, 마침내 제2차 세계 대전이 끝난 지 30여년 만에 컴퓨터 종주국 미국을 따라잡을 수 있었다.

인간은 망각의 동물이라고 한다. 쓰라린 기억도 언젠가는 잊을 수 있으므로 크게 좌절하지 않는다. 그러나 때로는 그 과거의 쓰디쓴 실패가 내일을 위한 계기가 될 수도 있다. 아프다고 잊어버리려 애쓰고, 괴롭다고 해서 떨쳐 버리려고 애쓰는 대신, 과거의 실패 속에서 새로운 자극을 구하는 것도 하나의 훌륭한 방법이다. 욕망이란 본질적으로 강한 승부욕을 통해 더 단단해지고 강화되기 때문이다. 반대로 성공의 동기를 제공한 그 욕망이 사실은 아무 장애물 없이 형성된 것이라도 문제가 된다. 장애 없이 만들어진 욕망은 쉽사리 포기로 향할 수 있는 여지를 가진다. "추위에 떤 사람일수록 태양의 따뜻함을 느낀다. 인생의 고뇌를 겪은 사람일수록 생명의 존귀함을 안다."는 미국의 시인 휘트먼의 말처럼 말이다.

이처럼 인간의 삶이란 고뇌와 아픔을 경험한 자만이 인생의 궁극적 성공을 획득할 수 있는 장이다. 당신의 삶에 있었던 실패를 괴로워하기보다는 오히려 감사하게 받아들여야 하는 것도 바로 이 때문이다. 실패의 아픔 속에서 불굴의 의지와 강한 승부욕을 창조하는 것이야말로 성공을 위한 동기가 된다. 또한 스스로의 핸디캡과 실수 때문에 쉽게 좌절하는 성격이라면, 사람은 누구나 핸디캡을 갖고 있음을 기억해야 한다. 한 심리학자에 따르면 사람은 95% 이상이 알게 모르게 열등감을 갖고 있다고 하지 않는가?

예를 들어 입사 동기가 나보다 먼저 승진을 하게 됐다고 치자.

당신은 어떻게 그를 평가할 것인가?

당신보다 능력이 뛰어나서?

또는 당신보다 요령이 뛰어났기 때문에?

어떻게 말하든 사실상 열등감에서 벗어날 수 없을 것이다. 그리고 이것이 더 분발할 수 있는 기회라는 사실을 잊게 되면, 더 깊은 좌절을 경험하게 된다. 그리고 이 같은 정신적인 핸디캡은 육체적 핸디캡보다 당신의 미래를 더욱 곤경에 빠뜨릴 수 있다.

지금부터 우리는 또 다른 평범한 사람들보다 얼마든지 앞서 갈 수 있다는 점을 잊지 말자. 남보다 뛰어나지 못하다는 것은 실수에서 비롯된 정신적 핸디캡을 지나치게 우려하는 데서 나온 핑계일 뿐이다. 욕망을 느끼는 한 열등감을 이겨낼 수 있는 힘도 얼마든지 키워낼 수 있다. 만일 자신이 못났다는 것에 분노가 인다면, 오히려 할 수 있으나 해보지 못한 것에 분노해야 할 것이다.

5 chapter 스스로를 평가하라

당신이 자신에 대해서 생각하는 것은 다른 사람들이 당신에 대해서 생각하는 것보다 훨씬 중요하다.
-세네카

실무적인 능력은 자기계발을 통해서 얼마든지 성장할 수 있다. 그러나 그에 앞서 우선적으로 해야 할 일이 있는데, 바로 자기 자신의 진정한 실력을 아는 것이다. 즉 자신을 과대평가해 도취되거나 반대로 과소평가하여 열등감을 갖고 있다면 일정 이상의 성장을 기대하기 어렵게 된다. 즉 자신의 능력을 정확히 알아야만 실무 능력 계발을 위한 기본적인 방침, 노선, 방법 등도 보다 효율적으로 정할 수 있다. 다음은 실무 능력 계발을 추진하기 위한 자기 평가 목록이다. 이때 주의해야 할 것은 결코 자기 자신을 높이 평가해서는 안 된다는 점이다. 가능한 한 엄격한 눈으로 자기 자신을 분석 해보자.

① 적성 : 적성이란 자기 직업에 대한 적합성과 비(非)적합성을 의미한다. 현재 자신이 수행하고 있는 직업이 정말로 내가 맞는 직업인가를 재확인하자. 즉 현재 자신이 진행하고자 하는 방향을 향해 달리고 있는가, 그리고 자신의 재능을 발휘할 수 있는 적재적소의 적합한 직장에서 근무하고 있는가를 알지 않으면 안 된다.

② 직무수행 및 직무목표 달성 실적 : 적성을 확인했다면 이제 자신의 현재 직종과 부서에서 자신의 적성과 부합되고 있는가를 평가할 필요가 있다. 그에 대한 조건이 충분히 충족되어 있다면 자기 육성도 원활해진다. 또한 맡은 일을 책임을 갖고 완벽하게 처리할 수 있는 실무적인 능력 또한 과거의 실적을 통해 점검해보아야 한다.

③ 실력수준 : 자신의 실력수준을 아는 것 또한 능력 배양에 기본이 된다. 자신이 지금 어느 레벨에 위치하고 있는가 또한 자신이 실력을 발휘할 수 있는 일은 무엇 무엇인가를 명확히 알 수 있기 때문이다. 여기서는 무엇보다도 자기 실력의 한계를 알고 그 한계를 극복

하기 위한 부가가치노력이 중요하다.

④ 근무태도 : 혹자는 근무태도를 관찰하면 그 사람의 태반은 파악할 수 있다고 말한다. 그만큼 근무태도는 내 모습을 잘 보여준다. 지각율, 조퇴율, 결근율의 세 가지 실적이 주된 평가 기준이고, 근무시간 내의 자리비우기, 잡담율, 다른 일처리 등도 마찬가지다. 자신의 근무태도를 평가할 때는 타인의 눈으로 본다고 생각하며 평가해야 한다.

⑤ 인간관계 : 다음으로 인간관계가 원만한지를 점검해볼 필요가 있다. 인간은 조직 속에서 타인과 함께 일하기 때문에 팀웍이 중요하다. 이때 인간관계가 원만하지 않을 경우에는 원인이 무엇인지를 찾는 동시에, 인간관계를 잘 유지하는 데 필요한 협조성·설득력·리더십·성실함·아량·예의범절·언어 사용·배려·사교성·명랑함·신뢰 등의 좋은 자질을 얼마만큼 숙달하고 있는지를 자가평가하도록 한다. 만일 인간관계가 서툰 부분이 있다면 그 결점을 없애기 위한 단계적 계획을 세울 필요가 있다.

행복해지기 위한 전략

1 chapter 미래를 계획하고 내다보기

흔히 많은 이들이 미래를 내다보는 혜안을 선견지명이라고 부른다. 이는 세상을 보는 지혜를 간략하게 표현한 말이다. 왠지 나와는 상관없는 것이라는 느낌이 들겠지만, 사실 선견지명이 꼭 일부 훌륭한 사람들만의 전유물인 것은 아니다. 기업 경영자가 사업계획을 수립할 때, 개인이 자신의 인생계획을 세울 때, 또는 부모가 자녀의 장래를 위하여 교육 계획을 세울 때, 이 모두가 선견지명을 필요로 하기 때문이다. 또한 비즈니스에서도, 신규투자에서도, 교육에서도, 승부의 세계에서도 모두 정확하게 앞을 내다보는 사람, 신속하게 상황에 대처할 수 있는 사람이 인생을 성공적으로 경영하기 때문이다.

비슷한 예로 우리들은 자가용을 타고 다니면서 항상 도로 상황을 예측한다. 또한, 출근길 지하철 안에서는 다음 역에서 어떤 자리가 빌지를 예측한다. 즉 우리는 생활 속에서도 항상 일상적인 일들을 통해서 앞을 내다보는 작업을 계속하는데, 여기에는 곧 데이터, 패턴, 경험, 감각 등의 수단이 사용된다. 또한 동서고금을 막론하고 성공한 사람들은 이 같은 수단을 통해 이처럼 훌륭한 선견지명을 펼쳐왔다.

그렇다면 이 같은 선견지명은 어떤 경로를 통해 얻어질까?

우리가 살고 있는 세상은 하루가 다르게 변하고 있다. 따라서 우리는 이 시대 변화를 신속하게 간파하고 앞서가고자 하지만 이것이 말처럼 쉬운 일만은 아니다. 그리고 바로 이때 새롭고 전망 있는 유망한 기능을 숙달한다거나 적절한 제안과 개선책을 제시하려는 노력이 필요하다. 그리고 이 같은 능력은 일조일석에 쌓이는 것이 아니라, 긴 세월에 걸친 노력의 축적, 자신의 이상(理想)을 추구해가는 가운데 이루어진다. 그렇다면 훌륭한 선견지명을 가진 사람들은 대개 어떤 마음가짐을 가질까? 이들은 최종적으로 인생의 목적을 훌륭하게 성취하고자 하는 욕구가 있으며, 시작부터 끝까지 충실한 '생애 플랜'을 밟기 때문이다. 다음은 선견지명을 얻기 위해 전 생애에 걸쳐 생각해봐야 할 문제들을 간략하게 정리한 것이다.

첫째, 미래를 내다보는 이들은 확고한 인생관을 확립해 자신의 삶을 명확하게 설계한다. 장래의 모습을 확실하게 마음속에 새겨두면 스스로 자기 인생의 목적이 분명하게 보이게 되고 미래에 닥쳐올 일들을 예측할 수 있게 된다.

둘째, 라이프 사이클에 따라 생애 플랜을 세우는 것도 하나의 방법이다. 인간의 성장 과정에는 대나무(갈대)와 같은 몇 개의 굴절이 있다. 따라서 전체 인생을 20대, 30대, 40대, 50대의 네 가지 연대별로 구분한 뒤, 각 연령대에서 어디까지의 수준까지 향상할 것인가를 구상할 필요가 있다.

세 번째, 계획은 장기적이어야 한다. 최소 5년 앞의 구체적인 플랜을 세워 자기 자신을 어디까지 높여갈 것인가를 생각하면서 플랜을 세운다. 물론 3년 계획도 좋다. 제1차 5개년 계획을 세울 때 제2차, 제3차 5개년 계획의 구상도 세워 보면 자신도 모르게 의욕이 생기는 것을 느낄 수 있다. 이때는 이해득실을 지나치게 따지기보다는 큰길을 향해 달린다는 생각을 가져야 한다.

그리고 이 모든 과정을 충실히 이행하다 보면 미래에 대한 일정한 계획표를 세우게 되며, 따라서 그 안에서 벌어지게 될 일들의 윤곽을 잡아볼 수 있다. 다시 말해 선견지명은 갑자기 튀어나오는 초능력이 아니라 삶에 대한 성실한 태도에서 비롯되는 것이라고 할 수 있다.

2 chapter 인정받고 싶다면 진실되게 말하라

진실은 반드시 따르는 자가 있고, 정의는 반드시 이루는 날이 있다.
- 도산 안창호

직장이라는 곳은 언제나 타인과 소통하고 업무를 분담하기 위한 최소한의 기본적인 대화법을 요구한다. 그런데 심지어 이조차도 지키지 못하는 이들이 있다. 최근 '성공하는 직장인은 대화법이 다르다' 라는 책을 쓴 이정숙 사장 (주)SMG 대표는 '직장인 대화법' 의 이론과 실천에 대해 이렇게 강조하고 있다.

"만약 지금 마지못해 회사를 다니고 있다면, 직장 생활에서 느끼는 불편한 감정이 어디에서 오는지를 곰곰이 생각해 봐야 한다. 혹시 나는 열심히 일하는데, 적당히 빈둥거리며 상사 비위나 잘 맞추는 동료가 더 좋은 대접을 받기 때문은 아닌가. 눈에 띄는 성과를 내고도 입바른 소리로 스스로 공을 깎아먹는 것은 아닌가. 어쩌면 동료들과 화합하지 못해 팀워크에 문제를 일으키기 때문일 수도 있다. 하지만 이 같은 직장에서의 문제는 실제로 심각하고 엄청난 이유보다 오히

122

려 직장 내 커뮤니케이션, 세련되지 못한 대화법 때문에 일어나는 경우가 많다."

이정숙 대표의 말대로 직장은 개인의 이익과 조직 전체의 이익을 동시에 추구하는 곳이다. 직장에서는 조직 생리에 부합하면서 상사, 동료, 부하직원의 마음을 다치게 하지 않도록 요령 있게 말할 줄 알아야 한다. 이것은 아부나 비겁함과는 다른 문제로서, 하루 8시간 이상 몸담고 있는 비즈니스 조직에 대한 이해이자 동료에 대한 배려이며, 직장인이 가져야 할 당연한 센스다. 즉 직장 대화법의 출발은 직장이라는 곳이 개성과 사고방식이 다른 사람들이 커뮤니케이션하는 곳임을 이해하는 것에서 시작한다. 다음은 이정숙 대표가 권하는 조직 내에서의 대화법으로 실전에서도 굉장히 유용하다.

① 일단 "예."라고 말한 후 자기 의견을 덧붙여라.

업무 외적인 잡담을 할 때도 상사 말에 토를 달며 우기지 않는다. 상사의 말이 틀려도 일단은 "네 맞습니다.", "네 그렇게 생각할 수도 있겠네요."라며 긍정하고 들어가야 한다.

② 감정을 억제하고 이성적으로 말한다.

어떤 조직이든 적어도 20퍼센트 정도는 도저히 이해할 수 없는 사람들이다. 마음에 들지 않는 20퍼센트 동료들과는 감정의 일치를 기대하지 말라. 감정을 내세워 말싸움을 하면 결국 본인만 손해다.

③ 불필요한 말은 하지 않는다.

공적인 말에 사족을 붙이면 불필요한 오해가 생긴다. 만약 회의 시간에 늦었다면 "미안합니다.", 실수를 했다면 "잘못했습니다. 다음부터는 주의하겠습니다."라고 핵심만 말해야 뜻이 분명하게 전달된다.

④ 묻기 전에 미리 보고한다.

세상의 모든 상사들은 업무 능력이 탁월한 직원보다 중간보고를 자주해 자신의 불안감을 최소화해주는 직원을 주류로 끌고 갈 가능성이 높다. 감독자의 입장에서는 부하직원이 내 손발처럼 차질 없이 알아서 일을 해낼지가 항상 궁금하다.

⑤ 나약한 말투는 쓰지 않는다.

"제가 그런 일을 할 수 있는지는 몰라도…"와 같은 말은 자신의 단점을 부각시킬 뿐이다. 예측할 수 없는 지시를 받아도 당당하게 "해보겠습니다."라고 말하는 것이 좋다.

⑥ 빈말은 삼키고 칭찬을 늘어놓는다.

타인의 협조로 업무를 처리해야 하는 직장에서는 사람이 모이지 않으면 능률도 저하된다. 실력을 갖춘 독설가에게는 사람이 따르지 않는다. 당신이 만약 독설가라면, 칭찬하는 연습을 하고 또 하라.

⑦ 늘 운이 좋았다고 말한다.

직장에서 최고위직까지 올라간 사람들은 대부분 운 그 자체를 믿지 않더라도 '운이 좋았다.'는 말을 자주 한다. 운이 좋다고 말하면 마음의 여유가 생기고, 일에 대한 두려움도 사라진다. 이것이 선순환이 되어 운이 저절로 굴러온다. 지금 당장 "나는 운이 좋은 사람이다."라고 말해보라.

출처 「성공하는 직장인은 대화법이 다르다」 더난출판사

많은 이들이 "저는 언변이 없어서요…."라고 주눅든 얼굴로 말한다. 하지만 훌륭한 이야기 화술이란 본질적으로, 자신의 의사(이야기하고 싶은 것)를 상대방에게 확실하고 정확하게 이해시키는 일이다. 다소 말을 더듬는다거나 얼굴이 빨개진다거나 아주 재미있고 흥미롭게 이야기를 할 수 없다고 해서 스스로를 탓할 필요는 없다. 그저 상대방의 입장을 존중하고 상호 대화를 교환하면서, 열의를 가지고 열심히 이야기하면 된다.

즉 능숙함은 차후의 문제인 것이다. 다시 말해 진실되게, 그러나 일정한 대화의 법칙을 따르기 위해 노력한다면, 잘못된 대화법으로 인해 조직 내에서 자기 가치를 깎아먹는 불행한 사태는 일어나지 않을 것이다.

3
chapter

더 늦기 전에 나와 타인을 사랑하라

사랑은 내가 선택할 수 있는 것이 아닙니다. 그저 내게 다가오는 것입니다.
100여 년을 살면서 내가 깨달은 단 한 가지 사실이 바로 이것입니다.
- 캐서린 햅번

흔히 우리는 '자기 관리'나 '성공'을 위해서는 잠시나마 행복을 포기해야 한다고 생각한다. 하지만 그 성공이라는 것도 결국에는 행복을 위해서라는 점을 혹시 잊어버린 것은 아닌가? 사실 이 문제는 전체적인 시각과 다각적인 접근으로 성공과 행복을 바라보면 쉽게 알 수 있는 사실이다. 다만 우리는 그것을 잊고 있을 뿐이다. 지금부터라도 성공하고 싶다는 무조건적인 욕구 이전에, "왜 성공하려 하는가?"에 대한 질문부터 먼저 던져보자. 그런 측면에서 성공의 목적과 대응전략을 좀 더 전체적인 시각에서 바라보면, 성공과 행복 안에는 다음의 5가지 요소가 기반을 이루고 있음을 알 수 있다. 각 서두에 밑줄이 쳐진 질문들을 스스로에게 던져보는 것이 중요하다.

① 자아

나는 누구인가? 밖으로 드러나는 나인가? 내 안에 살아 숨 쉬는 수 많은 나는 도대체 누구인가? 시인이자 철학자였던 니체는 "자신을 잘 아는 자는 세상에서 못해낼 일이 없다."라고 말했다. 이는 그만큼 자신을 아는 일이 어렵다는 뜻일 수도 있다. 내가 나를 모르는데 어 떻게 올바른 삶을 걸어갈 수 있겠는가? 또 내가 나를 모르는데 어떻 게 자신을 사랑할 수 있겠는가?

② 비전

나만의 뚜렷한 비전(꿈)이 있는가? 꿈을 잃어버리고 살아가고 있 는 것은 아닌가? 매일 매일 목표를 위해 실천하고 있는가? 그것을 위 해서 오늘 내가 선택해야 할 행동은 무엇인가? 인생도 한 척의 배와 같아서 돛의 역할을 하는 목표가 없으면 아무리 부지런하게 움직여 도 잘못된 길을 갈 수 있다. 따라서 중간 중간 삶의 최종 목표를 재검 토하고 재정립할 필요가 있다.

③ 직업

혹시 나는 버는 삶과 쓰는 삶을 분리하고 있지는 않은가? 현재의 일이나 직장은 돈을 벌기 위해서 어쩔 수 없이 해야 되는 일로 여기 고 있지는 않은가? 세상에서 경영자나 고연봉자, 임원만이 직업적으로 성공한 사람은 아니다. 자신이 맡은 일에 전력을 다하면서 장인정신을 발휘하며 사회에 공헌하는 사람이야말로 진정한 프로페셔널리스트라는 점을 기억하자.

④성공

돈을 많이 버는 것을 성공이라고 생각하고 있지는 않은가? 성공이 모든 것을 다 안겨줄 것이라고 생각하는가? 혹은 성공하고 싶다면 정작 성공에 대한 부정적 시각을 가지고 있지는 않은가? 이 질문에는 성공학의 아버지라 불리는 나폴레옹 힐의 성공에 대한 정의가 답이 될 수 있다. "성공은 다른 사람의 권익을 해치지 않으면서 나의 뚜렷한 목표를 획득하는 것이다."

⑤행복

우리들 대부분의 궁극적인 목표는 행복이라는 점을 알고 있는가? 그러나 정작 행복하기 위한 기초공사는 너무 부실한 경우가 많다. 어떤 이들은 타인에게는 관심 없이 살면서도 자신은 행복할 것이라고 생각한다. 부모조차 사랑하지 않으면서 자신은 행복할 것이라고 말한다. 심지어 자신조차 사랑하지 않으면서 자신은 행복할 것이라고 말한다.

행복하려면 먼저 행복의 씨앗을 뿌려야만 하며, 그것은 다름 아니라 성공에 대한 온당하고 정확한 정의를 내리는 것에서부터 시작한다. 내가 왜 성공하려고 하는 것인지, 최종적으로 이 성공은 무엇을 위한 것인지를 먼저 알고 실천해야 한다.

4 chapter 때를 기다리지 말고 지금 시작하라

올림픽 경기에서 가장 중요한 것은 승리가 아니라 참가이다.
마찬가지로 인생에 있어서 가장 중요한 것은 정복이 아니라 노력이다.
- 피에르 드 쿠베르탱

　많은 이들이 요즘 시대를 복잡하다고 말한다. 살아가는 일도 복잡하고 세상 돌아가는 일도 복잡하다. 우리가 살고 있는 이 시대는 더 이상 고도성장 시대와는 다른, 매일 새로운 문제가 터지고 그에 따라 불황도 복합적으로 이루어지는 시대이기 때문이다. 필자는 이 같은 상황에서 안일한 생각으로 비즈니스를 하는 이들을 볼 때마다 안타까운 심정이다. 변화의 속도가 빨라지게 되면 어제의 지식과 경험이 더 이상 통하지 않는데도 그것을 염두에 두지 않는다는 느낌이 들어서다. 지금 같은 시대에 필요한 것은 저돌적인 성장이 아닌, 매일 연구하고 학습하는 자세다. 지금부터 공통적인 자기계발 수칙 6가지를 한번 살펴보기로 하자. 이 수칙은 자기계발에도 여러 종류가 있으며 각각 다른 방법의 계발이 수행되어야 한다는 것을 말해준다.

1. 시대변화에 대비하는 자기계발

앞으로는 빠른 변화의 시대가 열릴 것이며, 인간들의 가치관과 견해도 빠른 속도로 변화할 것이다. 이는 곧 일 처리 방법이나 기업 내의 시스템, 근무 형태, 제품·상품 등도 빠른 템포로 변해간다는 것을 의미한다. 이런 변화에 능동적이고 효과적으로 적응해가려면 무엇보다도 필요한 정보를 신속하게 입수할 수 있는 연구가 필요하다. 이런 점에서 미국의 IBM에서는 다음과 같은 다섯 가지 훈련 방법을 지속적으로 실시하고 있다.

① **본다.**
② **듣는다.**
③ **토론한다.**
④ **생각한다.**
⑤ **실행한다.**

이 메커니즘은 보기에는 간단하지만 각각의 단계에 집중해서 최선을 다해야만 다음 단계로 넘어가는 것이 가능하다. 정해진 방법은 따로 있는 것이 아니므로, 내 상황에 맞게 각각의 원칙들을 유연하게 적용해보면 된다. 즉 보는 단계에서는 비판적 시각으로 볼지, 긍정적 시각으로 볼지를 결정해보고, 듣는 것 역시 다각적 듣기를 할 것인지, 집중적 듣기를 할 것인지를 정해보면 된다. 토론 역시 심도있는 토론, 정보 나누기 토론 등 여러 형태가 있으며, 생각 역시 보고서 형식으로 할지, 개인적 생각 정리를 할지를 정할 수 있다. 마지막 부분인 실행은 그 상황에 가장 적합한 형태로 실행 기간과 방법 등을 명확히 정하는 일이 필요하다.

2. 재능계발을 위한 자기계발

스스로가 어떤 재능을 얼마만큼 지니고 있는지를 정확하게 파악하기란 쉽지 않다. 그러나 한 가지 분명한 점은 우리 스스로는 상상하고 있는 이상의 훌륭한 가능성을 많이 지니고 있으며, 그럼에도 유감스럽게도 그 가능성을 계발하지 못한 채 일생을 끝마치는 경우가 많다는 점이다. 따라서 자신의 가능성을 계발하기 위해서는 다음과 같은 방법이 필요하다.

① 여러 가지 일에 부딪쳐 본다.
② 큰 목표를 갖는다.
③ 자신을 한계상황에 둔다.
④ 애로를 느낄 수 있는 입장에서 본다.
⑤ 혹한 역경 속에서 돌파하는 훈련을 쌓아간다.

즉 자신의 능력을 최대한 발휘할 수 있는 환경이 아닐지라도 혼신의 노력으로 이를 극복할 수 있는 끈기와 노력이 중요하며, 위의 단계를 반복하다 보면 자신의 장점과 단점을 발견하는 일도 쉬워진다. 또한 이 같은 장단점의 발견은 스스로 잠재된 재능을 발견하고 실현하는 데 큰 도움을 준다.

3. 인격수양을 위한 자기계발

사회생활에서 넉넉한 인격과 인간성은 큰 역할을 담당한다. 아무리 재능이 뛰어나도 인간성에 결함이 있다면 '인간실격' 이 된다. 그리고 넉넉한 인간성을 쌓아가기 위해서는 고통과 고뇌를 감내할 수 있는 끈기가 중요하다. 역설적이게도 우리는 스스로의 고뇌와 고민, 그리고 고통 속에서만이 타인의 기분과 심정을 이해할 수 있기 때문이다. 그리고 이처럼 역경과 고뇌를 이겨낸 사람은 새롭게 변화할 수 있으며 보다 성숙한 인격을 가지게 된다.

4. 풍요로운 삶을 위한 자기계발

일부 졸부 근성을 가진 사람들은 과연 어떻게 해야 좀 더 크고 화려한 집에서 생활하고 맛있고 비싼 음식을 먹을 수 있을까를 갈망한다. 이런 이들은 돈이 곧 인격이고 덕망이며 인품이라고 으스댄다.
또한 이런 사람들은 오직 인생을 그곳에만 집중하면서 심혈을 기울
인다. 그러나 이런 이들에게 가장 중요한 것은 돈 자체가 아니라 '일
을 통하여, 진정한 의미의 노력을 통하여 자신의 가능성을 실현하는
일'이라고 말할 수 있다. 비즈니스에서 긴장 - 발산 - 쾌감의 원리를
이해하는 것이 중요한 것도 그런 이유에서다.

삶의 보람은 아무 일도 하지 않고서는 부여되지 않는 것이다. 자신
의 역량(힘)으로 무엇인가를 성취해 보겠다고 하는 각오 아래 확고
한 목표를 향해 질주하다 보면 그 속에서 어느 때는 역경과 고뇌를
맛보기도 하고, 또한 어느 때는 집중하고 긴장하면서 희로애락을 경
험하기도 한다. 그리고 우리는 이런 과정을 통해 가능성을 실현할 수
있으며 진정한 의미의 보람을 느낄 수 있게 된다.

남보다 몇 배의 고난과 역경을 경험하면서 현재의 사업을 일으킨
사람들이 공통적으로 적용시켰던 자기계발은 다음과 같다.

① 항상 긍정적인 인생관을 유지한다.
② 자신에 대한 동기부여 능력이 우수하다.
③ 자기 나름대로의 재능을 잘 계발하고 있다.
④ 어려운 난관에 부딪쳐도 슬기롭게 극복하는 역량을 지니고
  있다.

⑤ 충격을 받을 만한 일이라도 이에 연연치 않고 노력을 계속한다.

⑥ 즐거운 마음으로 항상 어려움에 도전한다.

⑦ 상황 적응력이 뛰어나며 유연성이 있다.

⑧ 행동력이 왕성하며 박력, 활력이 있다.

⑨ 일을 통하여 항상 자기 자신을 단련하고 있다.

⑩ 선견력과 통찰력을 연마하고 있다.

⑪ 집중력이 강하다.

⑫ 자기유지, 자기통제, 자기관리가 능숙하다.

⑬ 결단력이 있다.

⑭ 발상력이 우수하다.

⑮ 정보수집에 열심이다.

⑯ 문제의식이 강하다.

⑰ 창조력이 우수하다.

⑱ 끊임없이 연구하면서 생각하는 습관을 갖고 있다.

⑲ 대인관계가 좋다.

⑳ 폭넓은 인맥을 갖고 있다.

㉑ 경영철학과 신념을 갖고 있다.

㉒ 식견과 교양을 높이고자 항상 노력하고 있다.

재능과 행복은 후천적인 것이다

5 chapter

> 노력하지 않고 무언가 할 수 있게 되는 사람을 가리켜 천재라고 한다면, 나는 해당되지 않는다.
> 노력한 결과로 무언가 할 수 있게 되는 사람을 일컬어 천재라고 한다면, 내 경우는 그렇다고 생각한다.
> 사람들이 나를 가리켜, 노력도 없이 공을 칠 수 있다고 생각한다면, 그것은 잘못된 생각이다.
> - 스즈키 이치로

우리는 언제나 자신의 능력을 최대치로 발휘하고 싶어 한다. 자기계발이 필요한 것도 그런 이유 때문이다. 그러나 자기계발을 제대로 하려면 먼저 왜 이 능력을 계발하고자 하는지 분명한 목표부터 가져야 한다. 앞에서도 필자는 꾸준히 목표의 중요성을 강조해왔다. 하지만 이는 몇 번을 강조해도 지나침이 없다. 성공한 사람들은 대개 생활의 전 분야에서 목표의 힘을 이용해온 사람들이며, 우리는 이를 가능하다면 수십 번이라도 되새겨 봐야 한다. 즉 계획대로 끈기 있게 자신의 능력을 계발하는 사람만이 자신의 능력치를 최대로 끌어올릴 수 있다는 점에서, 재능이란 결국 노력에 의해서 만들어지는 셈이다.

그러나 여기 또 하나의 문제가 있다. 우리는 대부분 자신에게 어떠한 재능이 있는지, 어떤 점이 우수한지를 명확하게 자각하지 못한다는 점이다. 또는 타고난 것만 믿어 다른 능력 계발의 여지를 미리 막아버리는 불상사가 일어나기도 한다. 그러나 사실 재능과 소질이라는 것은 태어날 때부터 있었다기보다는 어디까지나 노력에 의해 후천적으로 창조, 계발될 수 있는 것들이다. 따라서 자신에게 선천적인 재능이 없다고 미리 판단해 실망할 필요는 없다. 그게 없다면 노력에 의해 후천적인 재능을 계발하면 되는 것이다.

자신의 재능을 계발하기 위해서는 자신의 장점과 단점을 정확하게 파악한 후 자신에게 맞는 훈련을 계속해야 한다. 즉 자기를 잘 알 수 있도록 노력하는데서 자기계발이 시작되는 것이다. 일단 다음과 같은 자기 점검을 한번 해보자. 노트를 꺼내고 거기에 다음의 지시들을 따라해 보자.

① 자신의 장점을 열거해 본 후 가장 뛰어난 것이 무엇인지, 자신을 잘 나타낼 수 있는 특기와 장점을 체크해보자.

② 자신의 결점을 열거해 본 후 그 결점을 수정하여 장점으로 바꿔놓을 수 없는지 그 방안을 적어보자.

③ 자신의 성격상 특징을 잘 파악해보자. 자신의 성격이 외향성인가 내향성인가, 그리고 성격에 맞는 일과 맞지 않는 일을 구별해서 적어보자. 또한 성격상의 장점과 단점도 상세하게 서술해보자.

④ 자신의 가치관, 견해 등을 정확하게 파악하여 그에 상응한 일은

무엇이 있는지를 적어보자.

이처럼 자신의 재능을 새로이 계발하는 일은 필연적으로 행복감을 동반한다. 즉 처음에는 문제라고 생각했던 단점을 장점으로 고쳐가면서 예기치 못한 행복을 맛보게 되는 것이다. 그런 면에서 인간은 자신을 단련시키는 가운데 행복을 느끼는, 말 그대로 영장류라고 할 수 있다. 또한 이는 없던 것, 즉 무에서 행복을 창조하는 예술적 행위라고도 할 수 있으며, 선천적인 재능과 행복보다는 후천적으로 만들어가는 재능과 행복이야말로 더 큰 행복이라는 점을 잘 보여준다.

난관과 실패에도 다양한 종류가 있다

산에 오르는 사람은 산에 걸리는 것이 아니라. 작은 돌부리에 걸려 넘어진다.
작은 난관이라고 해서 무방비해서는 안 된다.

- 한비자

사람은 대개 일을 할 때 익숙한 자기 스타일만을 고집한다. 특히 성급한 사람일수록 이런 경향이 심하다. 이런 이들은 처음에는 남들보다 다소 앞선 능력을 표출할지 몰라도 결국에는 예상치 못한 난관에 부딪치게 된다. 이런 상황을 피해가려면 우선 사람에게는 누구나 실패의 경험이 있다는 사실을 겸허하게 받아들여야 한다. 또 그것을 굳이 숨길 필요가 없다는 점도 알아야 한다. 실패란 뭉뚱그려 보면 부끄러운 것이지만 발전의 단계에서 보면 경험의 축적이다. 실패에도 나름의 단계가 있으며, 이 단계를 기본기부터 착실하게 밟아간 사람은 언제나 그를 토대로 발전한다. 이런 면에서 자신만의 스타일을 고집하는 사람들은 다른 방법으로 했을 때 오게 될 실패가 두렵고, 그런 것을 경험해본 일이 적기 때문일 수도 있다. 그런 이들은 일단, 기본기를 쌓되, 다방면으로 시도했을 때 겪게 되는 실패는 이로운 반면 스타일대로 밀고나갈 때 겪게 되는 실패는 힘 조절이 어려워 타격을 줄 수 있다는 점을 명심할 필요가 있다.

그렇다면 실패하는 데도 정말 단계가 존재하는 것일까? 나는 그렇다고 단언하고 싶다.

우리가 하는 일에는 언제나 정체기라는 것이 존재한다. 즉 일정한 단계에서 다음 단계로 넘어가기 위해서는 필연적으로 '벽'을 만나게 된다. 이 벽을 잘 넘어서는 사람은 다음 단계로 넘어가지만 대부분은 그 벽을 예상하지 못해 포기하고 만다. 바꿔 말하면 기본기를 잘 알고 마음의 여유를 가진 사람은 다음 단계에 올 실패를 어느 정도는 예상하고 이에 대비할 수 있지만, 그러지 못한 사람은 낯선 실패의 경험에 무릎을 꿇을 수도 있다는 이야기다. 따라서 실패를 훌륭한 경험으로 만들려면 실패에 대한 올바른 이해와 숙달이 요구된다.

예를 들어 세일즈맨의 경우를 보자. 이들 역시 어느 단계까지는 목표달성이 가능하지만 그 이상의 목표 달성은 곤란한 경우가 많다. 지금부터 영업활동에서 겪을 수 있는 벽들과 그것들을 해결하는 방법을 예를 들어 설명해 보겠다. 사실 이는 우리 모두의 상황에도 충분히 대입시킬 수 있는 이야기들이다.

1. 인간관계의 벽

어떤 일을 할 때는 인간관계의 향상이 매우 중요하다. 예를 들어 영업도 인간관계가 서툴면 상당한 어려움이 뒤따른다. 이는 일을 시작하는 초기부터 부딪칠 수 있는 벽이므로 꾸준한 향상이 필요하다.

2. 기술, 기능의 벽

인간관계가 아무리 좋아도 실질적 영업 기술이 없으면 목표달성이 곤란해진다. 이때는 추가적인 목표달성을 위한 다음과 같은 착안이 필요하다.

첫째, 현재까지의 영업기술에 대한 결함을 발견하여 이를 개선시켜 가도록 노력한다.

둘째, 새로운 영업(판매) 기능을 숙달하여 영업실적을 높이도록 노력한다.

3. 예상 고객에 대한 벽

대인관계 기술과 영업기술은 높였는데 또다른 문제가 닥친다. 기술이 늘어감에 따라 목표가 높아진다는 것이다. 처음에는 한두 사람을 대상으로 했던 것이 이제는 수십 명으로 늘어난다. 이때 예상고객을 얼마나 늘여야 할지, 얼마나 감당할 수 있을지, 더 많은 수를 효율적으로 확보할 수 있을지에 대한 분석과 계획이 필요하다.

4. 시간의 벽

목표가 높아졌다고 해서 하루가 48시간으로 늘어나는 것은 아니다. 이때는 시간을 보다 유효하게 사용해야만 그 목표를 달성할 수 있다. 그러기 위해서는 고객 방문을 계획화하고 방문시간, 면접시간을 효과적으로 사용하는 등 보다 질적인 노력이 필요하다.

5. 문제 해결력의 벽

일을 하다 보면 수많은 예상치 못한 문제들이 발생하게 된다. 고객발견 문제, 고객확보 문제, 상품인지도 문제, 대금회수 문제 등등 세자면 헤아릴 수도 없다. 초반에는 이런 일들을 선임자가 해결하거나 도움을 받았겠지만 더 이상은 어렵다. 이때가 바로 정체기다. 어째서 영업실적이 오르지 않는가, 왜 실패가 늘어갈까 하는 생각이 든다면 문제해결력을 의심해봐야 한다. 현재 자신은 어떠한 장벽에 부딪혀 있어 능력이 향상되지 않는가의 원인을 발견하여 이를 해결해가는 테크닉을 익혀야 한다. 실패의 원인은 어디에 있었던 것일까, 과연 양호한 고객을 확보하기 위해서는 앞으로 어떻게 해야만 하는가 등의 문제이다. 또한 고객으로부터 거절을 받았을 때, 슬럼프에 빠졌을 때 등을 이겨내려는 자신과의 싸움도 필요하다. 그리고 바로 이 단계를 이겨내면 그 사람은 한 단계 더 발전한다.

6. 창조력의 벽

여러 가지 장벽에 봉착해서 이를 돌파하는 일정한 능력이 생기고 나면 이제는 보다 큰 목표인 창조의 영역으로 진입해야 한다. 지금까지 익힌 일련의 기술을 활용하고 여기에 덧붙여 실적을 올리기 위해서 생각해볼 수 있는 여러 가지 아이디어를 창조해야 한다. 이러한 아이디어 창조가 없다면 처음에는 만족할 만한 수준으로 실적을 올려도 나중이 되면 높아진 목표치에 만족할 만한 성과를 얻기 힘들다. 참신한 아이디어의 창조야말로 바로 이 같은 장벽을 돌파하는 힘이라는 사실을 기억하자.

위에서도 보이듯이 어쩌면 인생이란 실패의 연속을 통해 보다 나은 방법을 모색하는 과정일 수도 있다. 그리고 실패를 '세상의 끝' 이 아닌 '성공을 위한 계단' 으로 바라보는 마음가짐이야말로 실패를 훌륭한 경험으로 이끌어가는 바탕이 된다.

2 chapter 실패를 통해 새로운 길을 모색하라

K사의 본사 영업부 D씨가 지방 지점의 지점장으로 임명되었을 때의 일이다. 그로서는 지점의 세일즈맨을 관리하는 일이 처음이었으므로 자신이 없었다. 지점장으로서 처음 했던 취임 인사도 맥없고 엉망이었다. 그 후 부하직원들과 지점의 판매 촉진책에 대해 여러 가지로 이야기했으나, 직원들도 지점의 실상을 잘 모르는 D씨를 가볍게 보는 것 같았다.

D씨는 완전히 절망하고 말았다. 본사에 있을 때에는 지점쯤이야 하는 마음이었는데, 막상 와보니 어려운 것이 한둘이 아니었다. 모든 게 자신의 능력 부족이라고 생각하니 스스로가 원망스럽기까지 했고, 다시는 지점장으로 근무할 수 없을지 모른다는 심한 절망감이 몰려왔다.

결국 그는 가까운 술집에 가서 혼자 술잔을 기울였다. 그리고 차분히 생각하자 웬일인지 그는 자기 생각이 틀렸다는 것을 깨닫기 시작했다. 생각해보면 지금껏 그는 부하 직원들이 자신을 본사로부터 발령받은 우수한 지점장이라는 사실을 알아주기를 바라고 있었다. 그러나 막상 현장 업무자들과 부딪치다 보니 자기는 지점이나 실제 세일즈에 대해 아무것도 모른다는 것을 절감하게 되었다. 그럼에도 그는 스스로 자기를 실력 이상으로 평가해주기를 바라고 잘 보이고 싶다는 생각을 버리지 못하고 있었다.

D씨는 결국 자신의 적나라한 모습을 깨닫게 되었다. 그는 생각했다. '아, 본사에 있을 때의 엘리트 의식이나 학력 따위는 결국 여기서는 아무 소용없는 거구나. 내 진짜 모습에 눈을 감아서는 안 된다. 오히려 내 결점, 약점을 확실히 파악하고 그것을 극복하는 일이 지점장으로서 꼭 필요한 모습이겠구나.'

이렇게 해서 D씨는 다음 날부터 몸으로 직접 부하 직원들과 부딪쳐 나가기로 했다. 물론 세일즈에 대해서도 열심히 공부했다. 그렇게 시간이 흐르자 부하 직원들도 점점 더 그를 이해하기 시작하면서 차츰 적극적으로 변해갔다.

이처럼 실패를 경험해보지 않은 사람들은 심지어 자신이 전혀 모르는 새로운 일을 시작할 때보다 그것을 완벽히 잘해내지 않으면 안 된다고 생각한다. 그러나 사람 사는 일이라는 게 늘 그렇지만은 않다. 어느 일에서는 잘하던 사람이 또 어떤 일에서는 젬병일 수도 있다. 이럴 때는 오히려 몸으로 부딪쳐 실패해보는 것도 좋은 방법이다. 실패했을 때 그 충격에 쓰러지지만 않는다면 말이다. 실제로 주변을 보면 오히려 실패 속에서 자신의 결함이나 부족한 것을 파악하고, 여러 가지를 배워가는 사람들도 많지 않은가?

'10살에 신동, 15살에 재동, 20살이 지나면 보통 사람'이라는 말이 있다. 이것은 재능이 있더라도 세상의 거친 물결에 시달리고 여러 가지 충격에 휩싸이는 동안 이를 견디지 못하고 점차 자신을 잃어가는 모습을 말하는 것이다. 반대로 대기만성이라는 격언도 기억해보자. 소질을 타고나지 못했지만 실패에 지지 않고 많은 교훈을 배워 자기 페이스로 재능을 키워나가는 사람들도 얼마든지 많은 것이다. 여기서 전자가 될지 후자가 될지는 어디까지나 내 선택의 문제일 것이다.

3 chapter

실패를 긍정하라

내가 제일 처음 배운 것 중 하나가 망치는 것과 배우는 것 사이의 연관성이다.

더 많은 실수를 할수록 더 빨리 익힐 수 있었다.

-마이클 델

온실 속의 화초는 바람이 불면 그대로 줄기를 꺾고 만다. 이처럼 사람도 일을 하다 보면 일상적으로 여러 충격에 직면하게 되는데, 이 충격을 견디지 못하면 재능을 키우는 일도 어려워진다. 즉 재능을 키우는 일은 소질의 문제 이상으로, 충격에 어느 정도 강한 내성을 가지고 있는지의 문제다. 더군다나 소질이 부족한 사람이라면 더더욱 그 소질을 대신할 내면적인 힘을 길러야 하며, 이를 위해서는 올바른 훈련을 철저하게 반복해야 한다. 그리고 이처럼 키워낸 힘은 직감력이라는 형태로 나타난다.

나도 그 비슷한 경험이 있다. 나는 오래전부터 내게는 음악이나 그림의 재능이 없다고 생각해 이를 도외시해왔다. 그리고 그동안 주어진 많은 기회에도 불구하고 오늘까지도 그림이나 음악 감상 능력은 제자리걸음이다. 만일 예전부터 그 기본을 잘 공부하여 올바른 감상 방법을 터득했더라면 지금쯤은 감상력이 상당히 진보되었을 것이다.

이처럼 실력의 진보는 대개 훈련을 통해 얻어진다. 바둑이나 장기도 마찬가지다. 처음에 정석을 확고하게 배워서 이것을 실전에 사용할 수 있도록 끊임없이 연구하다 보면 모든 국면에서 상황을 올바르게 판단하는 직감력이 생겨난다. 그리고 이 같은 직감력은 소질의 부족함을 메워 그와 비슷한 효력을 주게 된다.

업무 면에서도 마찬가지로 이러한 직감력을 키우는 일이 필요하다. 그러나 업무의 직감력은 본인의 좁은 체험에만 근거한 것이어서는 안 되며, 널리 알려진 합리적 방법을 반복한 결과로 만들어진 올바른 직감력이어야 한다.

예를 들어 영업사원의 경우 처음부터 요령 있게 하는 사람보다는 오히려 처음에는 서툴렀던 사람이 더 대성한다는 말이 있다. 실제로 일본 보험계의 제1인자, 메이지 생명 보험의 하라잇 페이 씨는 처음에는 고집이 너무 세서 세일즈맨으로는 적합하지 않다는 말을 들었다고 한다. 또 한 사람의 세계적 세일즈맨인 미국의 에머 호일러는 '수줍어하는 호일러' 라는 말을 들었을 정도로 세일즈에 능숙하지 못했다고 한다. 그러나 두 사람은 결국 희대의 갑부 세일즈맨이 되었다.

그렇다면 요령 있는 세일즈맨보다는 서투른 사람이 대성하는 이유는 무엇일까? 답은 의외로 간단하다. 영리한 세일즈맨은 자기 방법대로만 해도 제법 잘 해낼 수 있으므로 합리적인 훈련을 철저히 따르지 않는 대신, 미숙한 세일즈맨들은 '어떻게 하면 잘 할 수 있을까'를 진지하게 공부하고 능력을 신장시키기 위해 기초를 튼튼히 다지기 때문이다. 그리고 일정한 기본기가 쌓이면 차츰 조금씩 직감력이 생기면서 어느 시기부터 두드러지게 실력이 신장된다.

　이처럼 작고 큰 실패는 오히려 실력의 습득에 정진할 수 있는 동기를 만들어준다는 점에서 대단히 환영할 만한 것이다.

늘 문제의식을 가져 실패에 대비하라

언젠가 날기를 배우려는 사람은 우선 서고, 걷고, 달리고, 오르고, 춤추는 것을 배워야 한다.
사람은 곧바로 날 수는 없다.

- 니체

어린아이들은 질문이 많다. 신기한 것을 보면 이것저것 물어보며 그 답을 구하려 한다. 하지만 차차 성장할수록 아이들도 더이상 많은 질문을 하려 들지 않는다. 이는 슬픈 일이 아닐 수 없다. 무언가를 궁금해 하고 의심한다는 것이야말로 '성장'의 표식이기 때문이다. 그러나 어른 중에도 이 같은 문제의식을 잃지 않고 사는 이들이 있다. 여기서의 문제의식이란 일종의 건전한 의심을 말하는데, 이런 종류의 직감이 잘 발달한 사람은 높은 수준의 문제 해결력을 가진다. 왜 그런 문제가 일어났는지 원인을 분석하고 이를 일정한 프로세스에 맞춰 해결해나가는 습관이 길러지기 때문이다.

그렇다면 지금부터 문제의식을 해결하는 일련의 문제해결 과정을 살펴보자. 문제해결이란 문제의식의 답을 구하는 과정인데, 이 문제해결에도 분석적 문제해결과 창조적 문제해결이 있다. 분석적 문제

해결은 있는 그대로의 사실을 통계적이고 사실적으로 분석하는 것이며, 창조적 문제해결은 잠재적인 문제점을 찾아 앞으로의 해결책을 모색해나가는 과정으로, 이 두 가지는 불가분의 관계에 놓여 있다. 즉 문제의식도 그저 문제의식을 가지는 것에 그치지 않고 그 해결 방법을 찾아가야만 발전의 한 과정이 될 수 있다. 다음은 비교적 간단히 사용할 수 있는 분석적 문제해결의 단계들이므로 꼭 숙지해 두도록 하자.

① 정확한 사실을 안다.
② 전후관계를 검토해본다.
③ 숫자로 표시하여 이해한다.

여기서 실제적으로 사용하는 수간은 바로 '5단계의 왜' 라고 하는 5W다. 그 프로세스는 다음과 같다.

1단계 - 왜 기계가 정지해 버린 것일까? → "기계가 자꾸 멈춰 안전기가 벗어났다."
2단계 - 왜 기계가 자꾸 걸리는 것일까? → "축을 받은 부분의 윤활이 충분치 않아서이다."
3단계 - 왜 윤활이 충분치 않은 걸까? → "펌프가 충분히 퍼 올리지 못했다."

4단계 - 왜 충분히 퍼 올리지 못하는 걸까?→"펌프 파이프에 찌꺼기가 쌓여 있다."

5단계 - 왜 찌꺼기가 쌓여 있는 걸까?→"파이프의 빨아들이는 입구에 필터가 없기 때문이다."

이처럼 일정한 문제의 원인이 도출되면 이를 행렬 도표, 특성요인 도표, 히스토그램 등의 기법을 활용하여 수치화하고 앞으로의 문제들에 적용해보는 것이 필요하다.

그렇다면 두 번째로 실시해야 할 창조적 문제해결은 어떤 과정을 통해 이루어질까?

여기서는 항상 상상력을 발휘해야 한다. 문제해결 기준을 있는 그대로의 사실에 두는 대신, 이를 다른 문제들과도 비교해보는 것이다. 예를 들어 "일반적으로 이런 문제가 나에게만 일어나는 것일까?", "다른 이들은 이런 문제를 어떻게 해결하고 있을까?", "어떻게 하면 이 문제를 더 긍정적으로 처리할 수 있을까?" 등등 현실적이고도 창조적으로 문제를 다각도로 검토하는 것이다. 이는 문제를 해결할 수 있는 성장의 의욕, 긍정적 사고를 키워주어 문제해결이 쉬운 환경을 만들어준다. 또한 문제의식을 성장시켜 세상을 바라보는 사고와 안목을 넓혀주는 역할을 한다.

이처럼 문제해결력과 문제의식을 높이는 것은 나만의 문제 해결의 프로세스를 구축하는 일이자, 현실과 기대를 동시에 분석해 문제해결 방법을 찾아가는 창조적인 작업이다. 가능하다면 문제에 닥칠 때마다 이 과정을 반복하고 기록해서 하나의 '문제해결 전집'을 만들어보는 것도 좋은 방법이다.

1 chapter 가능성은 누구에게나 있다

내 머리가 그것을 상상할 수 있고, 내 영혼이 그것을 믿을 수 있다면, 나는 그것을 성취할 수 있다.
- 무하마드 알리

인간은 '상상력' 이라는 단어를 좋아한다. 상상력은 언제나 우리 삶을 풍요롭게 만들어주고 없던 것에서 새로운 것을 창조한다. 일이든 예술이든 어떤 분야에서든, 뭔가를 창안하고자 할 때 가장 필요한 것도 바로 이 바로 상상력이다. 나무에서 떨어지는 사과를 보고 중력으로까지 이미지를 확대한 뉴턴 역시 상상력을 통해 새로운 것을 확보한 사람이 아니었던가.

그러나 상상력도 무작정 뽑아낸다고 나오는 것이 아니다. 상상력을 기르려면 그에 적합한 환경을 마련해야 하는데, 그러기 위해 우선 다음의 3가지를 기억할 필요가 있다.

1. 휴식

마음과 몸이 편안할 때 우리의 두뇌도 고정관념에서 벗어나 상상력을 펼치기 쉬운 상태가 된다. 일례로 아인슈타인은 발상을 위해 연구하는 중간 중간마다 바이올린을 켜며 편안히 쉬었다고 한다. 일본의 유가와 박사의 중간자(中間子)이론의 아이디어도, 노벨상을 받은 후쿠이겐이찌 교수의 프론티어 전자이론의 아이디어도 바로 이불 속에서 탄생했다. 상상력을 높이려면 바쁜 일과 중간 중간에 심신을 편안히 쉬는 것이 중요하다.

2. 좋은 이미지

즐거운 일을 생각하고 있을 때와 싫은 일을 생각할 때, 어느 쪽이 이미지 확대에 도움이 되는지는 쉽게 알 수 있다. 당연히 앞쪽일 것이다. 실제로 단 2분이라도 즐거운 것을 생각하고 있는 사람은 그렇지 않은 사람보다 20%나 더 이미지를 넓게 펼친다는 조사 결과도 있다. 우리가 일하고 생활을 하는 시간은 사실 거의 무한하다. 중요한 것은 이때 당신이 무엇을 생각하는가다. 그리고 한번 쌓은 좋은 추억이나 플러스 이미지를 소중히 여기도록 하자.

3. 가벼운 절박감

발을 잘못 디뎌 암벽 등에서 발이 미끄러졌을 때, 우리는 무슨 생각을 할까? 아마도 과거의 여러 가지 일들이 순간적으로 떠오를 것이다. 그러다가 나뭇가지 등을 붙잡아 신체 위험이 사라지면, 그 이미지도 사라진다. 이는 우리가 위험이 임박했을 때 무의식적으로 머릿속에 축적된 정보를 뒤지기 때문이다. 흔히 "전쟁이 시작되면 과학이 발달한다."고 말한다. 제1차 대전에서는 선박조선기술이, 제2차 대전에서는 항공기술이 발달했다. 이것은 당국의 과학자들과 국민 전체의 절박감이 커졌기 때문이다. 앞에서 언급한 플러스 이미지와 이 절박감은 어찌 보면 상반된 것처럼 보인다. 어떤 사람들은 절박감을 마이너스 이미지로 생각하는데, 사실 이 둘은 성격이 전혀 다르다. 절박감은 밖에서 주어진 자극이고, 마이너스 이미지는 내면의 자극이다.

마지막으로 혹시나 나이가 들어 더 이상 상상력을 발휘하지 못한다고 하는 이들에게 한마디 전하고자 한다.

가만히 생각해보자. 왜 우리는 예전과는 달리 상상력이 빈곤해진 것일까? 이를 단순히 머리가 노화해서라고 말할 수 있을까?

물론 그런 면도 없지는 않을 것이다. 즉석에서 무언가를 외우려고 하면 금세 머리가 포화상태가 되어버리니까 말이다. 하지만 가만히 생각해보면 자료를 모으거나 분석하거나, 자기의 생각을 능숙하게 상대에게 전달하는 능력은 오히려 지금이 젊을 때보다 훨씬 나을 것이다. 그러니 그 능력을 그대로 썩히지 않고 실전에서 활용하면 젊은 시절보다 풍부하지는 않지만 고도로 숙련된 상상력을 얻을 수 있다. 실제로 70대나 80대의 회장, 사장이 현역에서 왕성하게 활동하고 있다는 사실이 그것을 증명한다.

즉 이는 사람의 능력은 나이를 먹었다고 해서 늘 뒤떨어지지만은 않으며, 많은 경험 또한 상상력에 도움을 준다는 사실을 말하고 있다. 실제로 사람의 능력은 70세를 넘어서도 자라난다는 과학적 결과도 있지 않은가.

자, 인생의 새로운 시점은 극적인 곳에서만 오는 것이 아니다. 지금 이 순간 새로운 계발을 시작해보고 숙련된 경험 속에서 또 다른 상상력을 키워 보자. 상상력 또한 그것이 활개를 펼칠 자리를 만들어주는 자에게만 선물을 준다는 점을 기억하자.

성공을 나누어라

> 우리는 계속 배운다. 만일 계속 배우지 않는다면 곤란에 처하게 될 것이다.
> 나는 위대한 골퍼들과 경기를 하며 그들을 접하고 이야기를 나누는 가운데 엄청나게 많은 것을 배운다.
> - 잭 니클로스

최근 들어 소비자의 파워가 나날이 커지고 있다. 기업들마다 '고객의 소리'를 반영하는가 하면, 고객들이 직접 제품 개발에까지 참여하고 있다. 이는 치열해지는 경쟁을 뚫기 위해 많은 기업들이 소비자 만족 · 고객 만족에 심혈을 기울이기 시작했기 때문이다. 심지어 어떤 이들은 '미래 혁신의 주역은 연구자가 아닌 고객이다.'라고 강조한다.

경제주간지 「이코노미스트」 최신호에 의하면, 실제로 고객의 직접 참여로 혁신적 제품을 개발하는 기업이 크게 늘었다고 한다. 회사 내부의 연구 인력에 전적으로 의존하기보다는 전문성을 지닌 고객의 참여를 보장해주면 성공 확률이 더 높아진다는 분석도 호응을 얻고 있다. 이는 제품의 성공을 기업 혼자 독점했던 과거와는 달리 고객과 기업의 돈독한 상호관계 속에서 성공도 나누어가지는 시대가

열렸음을 보여준다.

실제로 기업의 성공에 고객의 영향력이 얼마나 큰 비중을 차지하는지를 잘 보여주는 사례가 있다.

언젠가 GE 건강사업부가 심장이 뛰는 모습을 3차원으로 보여주는 신제품 '라이트스피드 VCT'를 개발한 적이 있었다. 그런데 놀랍게도 이는 고객의 제안에서 비롯된 것이었다. 그간 GE 건강사업부는 의사와 연구원 등 고객을 자문위원으로 위촉해 신제품 개발 과정에서 직접 의견을 내도록 했던 것이다.

그런가 하면 게임업체 EA는 새 게임을 팔면서 고객이 직접 내용을 수정할 수 있는 프로그램을 제공했다. 고객은 스스로 만든 콘텐츠를 웹사이트에 공짜로 올렸고 결국 게임이 더 재미있게 만들어져 사용자도 늘어났다.

또한 레고가 '마인드스톰'이란 로봇 장난감을 출시했을 때도, 1천여 명의 해커가 이 제품의 운영체제를 내려 받아 자발적으로 기능을 추가했다. 그리고 레고 역시 자신들의 웹사이트에서 해커들이 만든 프로그램을 제공했다.

그런가 하면 독일 자동차 업체인 BMW도 2년 전부터 차량에서 각종 정보를 제공하는 텔레매틱스 서비스 개발 과정에 소비자가 참여하도록 컴퓨터 프로그램을 만들어 인터넷으로 배포했다. 이를 통해

1천 명의 고객 아이디어를 받았고, 성과가 좋았던 15명을 회사로 초청, 개발자와 미팅을 주선했다.

결국 이코노미스트는 이에 대해 "이제 고객이 왕일뿐만 아니라 시장조사 담당자이고, 연구개발 본부장이며, 제품개발 책임자"라고 평가하기까지 했다.

기업들의 실례가 보여주듯이 이처럼 고객이 참여하는 제품들은 그 성공 확률이 훨씬 높다. 예를 들어 기존에는 시장 조사 요원이 보고서를 쓰고 이를 기반으로 연구원들이 신상품을 개발하는 것이 기업의 일반적 관행이었다. 그러나 이렇게 개발된 제품 중 4분의 3이 실패했다. 그러나 고객 참여형 제품은 그와는 달리 높은 성공 확률을 자랑한다.

MIT의 에릭 폰히펠 교수는 "고객이 주도하는 혁신이 더 성공적이며 전문성이 있는 특별한 고객을 잘 파악해 관리하는 것이 필요하다."고 지적한다. 그리고 이런 고객을 '선도 사용자(lead users)'라는 이름으로 부르기 시작했다.

그런데 놀라운 것은 이처럼 아이디어를 낸 고객들 대부분이 별다른 보상을 원치 않는다는 점이다. 이는 물론 특허를 관리하기 어렵거나 그저 뿌듯한 마음에서일 수도 있다. 하지만 마음만 먹는다면 제안을 낸 고객들은 얼마든지 보상을 요구할 수 있었을 것이다. 하지만 들은 그러지 않았다는 점이 중요하다. 즉 이는 우리의 기업과 고객간의 관계가 변화하고 있음을 보여주고 있으며, 물질적 성공도 그렇지만 심리적인 성공 역시 나눌 때 더 커진다는 점을 역설하고 있다. 기부나 다른 방법을 통한 사회적 나눔도 중요하지만, 제품 생산의 과정에 소비자들을 직접 참여시키는 것 또한 성공을 나누는 또 하나의 방법인 셈이다.

경청과 진심을 통해 협력하라

사람들은 리더와 보스의 차이가 무엇이냐고 묻는다.
리더는 공개적으로 일하고 보스는 보이지 않는 곳에서 일한다.
리더는 이끌지만 보스는 밀어붙인다.
- 테어도어 루스벨트

대중은 자신들의 이야기에 귀를 기울여 줄 사람을 원한다. 그것은 기업과 같은 작은 조직, 더 넓게는 국가 정치 같은 큰 조직에서도 마찬가지다. 즉 리더십이란 결국 설득의 능력, 그리고 팀워크의 조화를 이끌어내는 능력에 달려 있다.

예전에는 명령과 통제를 중심으로 하는 리더십을 우선시하는 경향이 많았다. 그러나 이제는 상황이 달라졌다. 협상과 동의, 팀워크가 가장 존중받는 가치가 되고 있으며, 따라서 진정한 리더는 경청할 줄 아는 귀를 가져야 한다. 어떤 일에서든지 귀를 기울여 먼저 듣고 난 뒤에야 문제 해결을 시도해야 한다는 뜻이다. 그리고 이 같은 경청이 신뢰와 이해, 학습, 친밀감이라는 4대 덕목을 동반하면 그야말로 최고의 리더십을 발휘할 수 있다. 이 모든 과정을 끝내고 난 뒤에는 설득을 통해 원하는 바를 얻고 갈무리를 하는 일이 필요해진다.

다음은 인도를 방문했던 흑인 지도자 마틴 루터 킹의 이야기다. 마
틴 루터 킹은 인도를 직접 찾아 수많은 사람들로부터 말로만 듣던 간
디의 비폭력주의를 접했다. 그리고 이처럼 민중들 사이에 스며있는
사랑이야말로 자유를 갈망하는 수많은 이들의 가장 큰 무기였다는
것을 깨닫고, 이후 자신의 민족인 흑인들에게도 강요나 명령 없이 비
폭력주의의 장점을 설득하는 데 주력하기 시작했다. 그리고 그는 다
음과 같이 평화적인 리더십의 요체를 구축하고 그것을 설파하기 시
작했다.

① 사랑이 결여된 힘은 무모하고 힘이 결여된 사랑은 유약하다.
② 반대 세력을 공격하거나 굴욕감을 주지 말고 그들이 생각을
　바꾸도록 유도하라.
③ 오늘 다툰 사람과 내일 함께 살아야 함을 기억하라.
④ 성과는 사람들의 상호 작용 의지와 능력에 비례한다.
⑤ 강한 자기 확신은 비난과 험담에 대항하는 가장 강력한 무기다.
⑥ 리더십은 지배가 아니라 영적 자극이다.

사실 사람이란 늘 해왔던 대로 하는 것을 편하게 느낀다. 또한 무
엇인가 새로운 행동을 시도하려 하면 저항을 받아 예상치 못한 벽에
부딪치기도 한다. 게다가 겨우 그 벽을 돌파하고 나아가면 다시 커다

란 장애물과 마주칠 때도 있다. 그리고 조직에서는 이 같은 일들이 매번 벌어진다. 라이벌도 생기고, 경영자로부터 시선을 한 몸에 받기도 하다가, 또다시 정적으로부터 공격을 받고 무너지기도 한다. 나무가 자라면 바람도 더 세게 받는 것과 비슷한 이치다.

그러나 한 조직을 짊어지고 가겠다는 자부심을 가졌다면, 무엇보다도 조직의 저항을 이겨낼 수 있는 기백과 행동이 필요하다. 다소 위험 부담이 있다 해도 프로젝트를 강하게 밀고 나가는 도전 정신, 그러나 그보다 먼저 조직원들의 이야기를 경청하고 이를 긍정적인 방향으로 이끌어나가는 진심이 필요한 것이다.

예를 들어 곤란에 처해도 좀처럼 이를 말하지 않는 답답한 부하가 있다고 하자. 그런 직원에게는 "곤란하다면 즉시 보고하라."고 말하면 모든 것이 끝날까? 그렇지 않다. 오히려 그런 직원과는 업무에 대해 잦은 대화를 나누어 자신이 도와야 할 정확한 타이밍을 고려해서 이를 알려야 한다. 이때 커뮤니케이션이 잘 되지 않는다면, 그것은 부하의 책임이 아니라 리더의 책임이다. 이처럼 사실 리더란 것이 늘 좋은 자리인 것만은 아니다. 조직이란 늘 미지의 세계로 나아가는 항선과도 같으며, 조직 안에서의 일들은 대개 직접 부딪쳐 보지 않으면 특별한 해결점을 찾을 수 없는 것들이 많다. 따라서 조직을 이끌어가며 장애물에도 굴하지 않는 동시에 그것이 독선으로 빠지지 않기 위해서는 부하 직원의 사기를 북돋아줄 필요가 있으며, 리더 스스로 언제나 업무상 가장 어렵고 가장 싫은 것을 떠맡고 모든 일의 선두에서 돌파구를 찾아야 한다. 그러한 상사가 있다면 부하 직원들도 분발할 것이며, 아무리 힘들어도 그런 부하들을 보고 기쁜 마음이 든다면 그 사람은 리더의 체질을 타고난 사람이라고 말할 수 있다.

성공을 위한 시스템

전문성과 실력이 부자의 시스템이다

내가 부자가 된 비결은 호기심이다. 나는 질문을 많이 한다.
어떻게 하면 기존 방식을 벗어나서 접근할 수 있을 것인가를 고민했다.
- 마이클 델

지금부터 간단히 '부자'의 변천사를 살펴보도록 하자. 여기서 변천사를 운운하는 것은, 부자도 시대마다 조금씩 그 개념이 다르다는 뜻이다. 예를 들어 50년 전만 해도 우리나라에서 부자라는 이들은 '만석꾼'이나 '천석꾼'이라고 불렸다. 이는 당시만 해도 부자의 개념이 많은 농토를 보유하고 있어 쌀을 많이 생산해 낼 수 있는 사람을 의미했다는 것을 말해준다. 그러다가 1970년대 경제개발 붐을 타고 부자의 개념은 달라졌다. 특정한 지역을 중심으로 하는 '개발의 떡고물'을 누가 많이 챙기느냐에 따라서 부자의 개념이 바뀐 것이다.

그러다가 1997년 IMF 외환위기 이후, 우리 사회는 전반적으로 엄청난 패러다임의 변화를 겪었다. 조직에서의 성과급제도가 대대적으로 도입되면서 기업에서도 능력만 있다면 경영자 스톡옵션, 고액 연봉을 마다하지 않게 되었다.

그러다가 새로이 열린 2000년대에는 벤처 창업이 부자가 되는 길로 각광을 받았다. 그러나 코스닥 시장의 거품이 빠지면서 이런 환상은 깨졌고, 이제는 확실한 기술만 있다면 주식 상장을 통해 부자가 될 수 있는 방법도 생겨났다.

그렇다면 21세기로 진입한 지금은 어떤 사람들이 부자가 될까?

세계적인 투자은행 메릴린치에서 발표한 "2005세계 부의 보고서(World Wealth Report)"에 따르면 "한국에서도 지식과 정보를 무기로 벤처 회사를 창업하거나 월급쟁이 최고 경영자(CEO)가 되어 주식 상장과 고액 연봉으로 돈을 모은 부자들이 나타나고 있다. 성과에 따른 인센티브 제도가 확대되면서 경영기술과 영업기술로 무장한 지식 전문가들도 속속 부자 대열에 합류하고 있다."는 글귀가 나온다. 즉 여기서 말하는 21세기형 부자들인 빌 게이츠 마이크로소프트 회장처럼 당대에 자신의 지식과 기술을 활용하여 자수성가한 사람들로서, 실제로 세계의 최고 갑부 10위권 중에 7명이 이 범주에 해당된다. 또한 미국에서도 자신의 지식과 기술을 활용하여 자수성가한 사람들이 부자그룹의 80% 이상을 차지한다.

결국 지금은 전문성이 과거 어느 때보다도 중요시 여겨지는 시대인 셈이며, 향후 가치가 떨어질 것 같은 주식이나 부동산을 좋은 투자 목록이라고 착각하고 안심하던 시대도 이미 흘러갔음을 알 수 있다. 즉 지금은 미래에 어떤 기술이 부상할 것인지, 고객들은 어떤 서비스를 원할 것인지 등 시대 흐름을 이해해야 투자도 가능하고 사업도 할 수 있는 시대다. 일본의 머니 트레이너, 혼다 켄은 이런 행복한 부자들을 위한 성공 투자 방안을 다음과 같이 제시하고 있다.

첫째, 성공적인 투자를 위해서는 5~10년 후에 어떤 시대가 올 것인가를 예측하는 힘이 필요하다. 변화무쌍한 시대에 장래를 예측한다는 것은 그 만큼 정확한 의사결정을 할 수 있는 능력을 갖추었다는 것을 의미한다. 그래서 장래 예측을 기반으로 투자의사를 결정하는 것이 성공할 수 있는 확률을 더욱 높이는 결과가 된다.

둘째, 투자에서는 감정적인 안정도 중요하다. 단기적으로 기대한 결과가 나오지 않았을 경우 바로 포기하거나 실망한다면 결국 장기 가치 투자를 할 수 없을 것이다. 따라서 단기적인 결과로 웃고 울지 말고 자신이 결정한 것을 믿고 안정감을 찾아야 행복한 부자가 될 수 있다.

셋째, 어떤 투자를 할 때나 어느 정도의 위험부담을 가지지 않으면 성과를 얻을 수 없다. 실패를 두려워해 새로운 것에 도전하지 않으면 새로운 기술을 몸에 익히거나 응원해주는 사람을 만날 수 없기 때문이다. 다시 말해 투자로 성과를 올리려면 자기 자신이 위험부담을 짊어지고 가야 된다는 사실을 확실하게 인식해야 한다. 그리고 행복한 부자들은 그런 두려움을 느끼면서도 자신이 가고자 하는 길을 한 발짝씩 걸어가는 사람들이며, 그 결과 보통 사람에 비해 자유롭고 풍요로운 인생을 영위할 수 있는 계기를 마련하게 된다.

 과거에는 부자가 되려면 주식투자나 부동산 투자가 최고로 여겨졌다. 그렇지만 최근에는 자신의 전문성을 발휘하여 돈을 벌 수 있기 때문에 자신의 실력만으로 얼마든지 행복한 부자가 될 수 있다. 그러기 위해서는 자신이 하는 업무에 대하여 분석, 평가를 하고 이에 기초하여 컨셉을 설정한 후 핵심역량을 찾아 전문성을 키워 자기 브랜드를 만들어 나가야 하는데, 이를 위해서는 또다시 다음과 같은 5가지 자기계발법을 익혀 두어야 한다.

 첫째, 자신에게 투자한다. 자기 자신에게 투자하는 것이야말로 본인이 스스로 컨트롤할 수 있는 만큼 제일 확실하고 또한 제일 크게 되돌아온다.

 둘째, 인맥투자가 중요하다. 인맥이란 다양한 사람을 만나거나 혹은 만날 기회를 만들어 깊이 있는 커뮤니케이션을 하는 것을 말한다.

행복한 부자는 많은 사람에게 도움을 받아야 하므로 평소에도 여러 사람을 만나며 신뢰 관계를 만들어 나가는 것이 매우 중요하다.

셋째, 비즈니스 투자도 중요하다. 회사를 설립해 새로운 사업에 창업을 하거나 유능한 사원을 고용해 사업을 확장하는 것 등이 비즈니스 투자에 속한다. 비즈니스 투자는 자신이 가장 좋아하는 사업을 평생 소유할 수 있어 행복과 경제적 자유를 동시에 얻을 수 있는 기회를 만드는 것이다.

넷째, 경제 투자를 할 수 있어야 한다. 보통 사람들이 투자라고 부르는 주식이나 부동산 등의 매매가 바로 이에 해당한다. 과거 부동산이나 주식을 대상으로 투자를 하던 방식에서 벗어나 최근에는 간접투자와 파생상품이 일반화되면서 투자 대상이 다양해지고 있다. 때문에 경제투자를 위하여 보다 많은 지식정보를 이해해 이에 대비해야 한다.

다섯째, 기부투자를 할 수 있어야 한다. 행복한 부자가 되기 위해서는 기부투자는 빼놓을 수 없는 과정이다. 기부란 자신은 이미 충분한 풍요로움을 갖고 있음을 스스로 확인하는 행위다. 즉 기부를 함으로써 자신의 풍요로움에 대한 의식을 높일 수 있고 그 결과 더욱 큰 풍요로움을 끌어들일 수 있다. 세상에 주는 기쁨보다 큰 기쁨은 없다고 한다.

2 정보는 선점해야 한다

chapter

정상에 올라서서 전체를 내려다보고, 정보를 가능한 많이 모아 전략을 세우고,

7할의 승산이 있을 때 일을 시작한다.

- 손정의

현대사회에서 흔히 정보는 돈이라는 말이 있다. 정보가 중요한 시대에는 정보도 돈과 마찬가지로 '활용하기 나름' 이라는 의미다. 따라서 자기 혼자 덧없이 써버리거나 쓸데없이 모아두는 것은 무의미하다. 정보와 돈은 물과 마찬가지로 흘러야만 그 위력과 가치를 발휘한다. 따라서 불필요한 욕심으로 어떤 가능성을 간직하고 있는지도 모를 정보를 혼자 독점해 썩히는 일은 대단히 어리석다고 할 수 있다.

예를 들어 정말로 기막힌 정보를 얻었다고 하자. 이것을 알려야 할지, 아니면 혼자서만 누려야 할지 고민이 들 것이다. 여기서 필자는 그렇게 얻은 정보는 곧바로 상사와 동료, 부하 직원에게 재빨리 공개하는 것이 우선이라고 말하고 싶다. 요즘 같은 시대에 특별히 숨겨야 하는 정보란 비밀 엄수가 의무인 거래처나 개인의 프라이버시와 관

련된 정보뿐이다. 그 외의 정보는 모든 사람이 동일하게 나누어 가지고 이를 증폭시킴으로써 오히려 좋은 결과를 가져온다. 예를 들어 새로운 정보를 즉각 사내에 흘려주고 동료에게 나누어주면, 회사 전체가 움직이고, 사원들끼리의 유대도 깊어지는 경우를 흔히 볼 수 있다.

쉽게 예를 들어 K사와 L사가 기획안을 작성하여 경쟁 관계에 돌입했다고 하자. 주어진 시간은 동일하다. 정보 전략에 능통한 K사는 필요한 정보의 수집에 30%의 시간을 할애하고, 나머지 70%의 시간은 작업에 쓸 수 있었다. 반면 L사는 정보를 모으는 데 대부분의 시간을 써야만 했으며 충분한 정보를 얻지 못한 채 작업에 돌입했고, 그만큼 일을 마무리하는 데 고생을 했다. 물론 승부가 어떻게 끝났는지는 알 수 없지만, K사 쪽이 압도적으로 유리했으리라는 것은 금방 짐작해 볼 수 있는 사실이다.

이처럼 필요한 정보를 입수하는 속도는 비즈니스의 사활이 거린 중대한 문제다. 또 정보를 가진 사람과 갖지 못한 사람의 차이는 앞으로 더욱 분명해질 것이다. 또한 정보를 여기저기 방치한 채 두는 것만으로는 아무리 방대한 데이터를 기억한다고 해도 쓰레기통과 다를 바가 없다. 과연 당신은 중요한 정보를 어떻게 관리하고 있는지 한번 되물어보자.

일단 정보를 잘 활용하려면 정리를 잘해야 하는데, 흔히 정보 정리라고 하면 절차나 형식에 사로잡혀 매우 어려운 영역이라고 생각하는 사람이 많다. 그러나 정보 정리의 목적은 정보 그 자체가 아니라 '필요한 것을 얼마나 빨리 손에 넣고, 얼마만큼 유용하게 사용할 수 있는가.'에 달려 있다. 사용하기 쉬우면 겉보기는 어떻든 별 상관이 없다. "자, 이제 일하자!" 하고 결심했을 때 자신의 능력을 최고 속도록 발휘할 수 있는 상황을 만드는 것이다. 그것은 방 정리도 그렇고 책상 정리, 정보 정리도 마찬가지다. 그러면 사용하기 편리하다는 기준은 무엇일까?

일단은 많은 사람이 이용하는 정보일 경우는 최대 공약수를 찾아내는 기술이 필요하겠고, 자기 혼자 주로 사용하는 것은 어떤 괴팍한 방법도 상관없다. 자기 나름대로의 방법을 고안해 계속 연구하는 것은 일 자체의 질을 높이는 것과 관계되므로 여러분도 반드시 해보기 바란다.

예를 들어 업무 면에서 아이디어를 창출할 육감을 창출하려면 우선 자신과 똑같은 업무를 능숙하게 처리하는 사람의 업무 처리 방법을 사내에서 또는 사외에서 보고 배우는 것도 좋은 방법이다. 또, 신문·잡지·책 등에서도 업무를 원리적으로 파악하는 갖가지 힌트를 모아야 한다. 예를 들어 다양한 종류의 매스컴이 끊임없이 주의를 기울이고 그 중에서 정보를 취하는 훈련이 중요한 것이다. 그리고 나서 이들의 정보원이 어디에 있을까를 끊임없이 연구하고 찾으려는 노력을 해야 한다. 즉 정보의 수집은 모든 업무에서 업무에도 필요하며, 업무를 원리적으로 잡을 수 있는 훈련을 함으로써 아이디어를 찾아내는 직감도 발달시킬 수 있다.

부자의 마인드를 배워야 한다

모든 일의 성패는 그 일하는 사람의 사고와 자세에 달려 있다.

새로 일에 도전한다는 것은 확실히 대단한 모험인 것은 사실이나, 모험이 없으면 제자리걸음을

해야 하고, 그 다음에는 뒤떨어지며, 그리고 그 다음에는 아주 주저앉게 된다.

- 정주영

세계적인 베스트셀러가 된 로버트 기요사키의 《부자 아빠, 가난한 아빠》에서는 부자로 사는 방법은 "돈의 노예가 되지 말고 돈의 주인이 되는 것"이라고 강조한다. 가난한 사람들은 "돈은 모든 악의 뿌리가 되니 돈을 너무 좋아하지 말라. 돈 걱정하지 말고 공부나 열심히 하라."고 아이들을 가르친다. 그래서 아이들을 부정적이고 소극적인 인간으로 성장시켜 평생 돈의 노예로 살아가게 만들고 있다고 한다.

반면 부자들은 "돈이 없으면 사람 구실을 할 수 없으니 돈을 많이 벌어야 한다. 돈을 벌기 위해서는 직장생활보다는 개인 사업을 하는 것이 가장 좋은 방법이다. 돈을 제대로 관리하고 버는 기술이야말로 이 세상에서 가장 중요한 기술이다."라고 자식들을 가르친다고 한다.

부자들은 자기 자식들을 적극적이고 도전적인 사고를 갖게 하여 돈을 주인이 되어 평생 안정되고 편안하게 생활할 수 있도록 만들려고 노력한다. 그러나 대부분 사람들은 돈이 떨어지면 어쩌나 하는 두려움 때문에 일을 하고, 두려움을 갖지 않기 위해서 더 많은 돈을 벌어야겠다고 욕심을 낸다. 그러면서도 "나는 숫자에 약하고 전문지식이 없어서 돈을 벌 수 없다."고 돈 버는 방법에 냉소를 보내고 이를 배우려고 하지 않는다. 한편 돈이 생기면 장래에 아무런 대책 없이 우선 쓰고 보자는 나쁜 습관까지 가지고 있는 경우가 많다. 여기에서 벗어나기 위해서는 무엇보다도 가난한 사람들의 소극적이고 부정적인 사고방식을 버려야 한다. 그리고 실패를 두려워하지 않는 자신감을 가지고 주변의 충고를 받아드리는 열린 마음으로 부자의 법칙을 배워 나가야 한다.

부자는 절대 돈을 위해서 일하지 않으며 돈의 주인으로서 돈이 내 자신을 위해서 일하도록 만든다. 그는 돈을 버는 일과 별도로 돈을 관리하는 기술을 소중히 여기고 이를 배워 실천하고 있는 것이다. 즉 부자가 되려면 가난한 사람으로서의 사고방식을 버리고 '돈을 모으고, 벌고, 관리' 하는 부자의 규칙을 배워 나가야 할 것이다.

4 자발성과 적극성을 계발하라
chapter

세상에는 두 부류의 사람들이 존재하고 있다. 자발적이고 적극적으로 일하며 결과에 책임을 지는 사람과 타인의 지시만을 묵묵히 수행하면서 자신의 존재를 유지해가는 사람이다. 이 가운데 리더로서 기대되는 인간상은 전자임이 분명하다. 그렇다면 자발성과 적극성은 어떻게 키워갈 수 있을까?

여기에 그와 관련된 6가지 방법이 있다.

첫째는 교육이다. 즉 자기에게 부족한 점을 배움으로 채워 넣어 힘과 의지를 견고하게 할 필요가 있다. 새로운 것을 배운다는 것은 인내심을 키워주며, 동시에 무언가를 하고자 하는 자발적인 의지를 환기시켜준다.

둘째는 목표를 정하는 것이다. 목표가 없는 사람은 노력 또한 하지 않는다. 따라서 그 목표는 단순한 꿈이 아닌 실현 가능한 목표여야만 한다. 현실적인 목표는 흔들리기 쉬운 마음을 다잡도록 만들고, 능력과 시간을 집중적으로 사용하도록 만든다. 주의할 점은 그 목표가 일과 생활에 밀착된 것이어야 한다는 것이다. 즉 작심삼일이 되지 않게 구체적인 계획을 짜서 실행을 체크할 수 있도록 한다.

셋째, 목표를 구체적으로 문자로 표현할 줄 알아야 한다. 사람의 마음은 약하고 잘 흔들린다. 따라서 이를 문자로 써서 주의를 환기시키고 정신력을 집중시킬 필요가 있다. 항상 마음속에 두고 있는 목표를 적어보고 이를 위한 계획을 작성해 책상 위, 벽, 수첩, 침실의 천장 등에 부착해놓고 목표를 실천하도록 노력해야 한다.

넷째, 좋은 책이 큰 도움이 된다. 우리의 판단이라는 것도 사실은 그 자신이 아는 범위 이상의 것을 넘지 않는다. 따라서 독서를 습관화해서 폭넓은 지식을 쌓아야 한다. 잡학의 지식, 독서력은 언제나 일과 인생을 풍요롭게 한다.

다섯째, 신문을 철저하게 이용한다. 매일 책을 읽는 일은 상당히 어려운 일이다. 따라서 쉽게 읽을 것을 선택하고 빨리 읽을 수 있는 방법을 연구하는 것도 좋은 방법이다. 간단한 기사나 기획특집 기사를 읽는 가운데 얻은 힌트는 곧바로 메모해 둔다. 필요한 경우에는 복사하거나 스크랩을 해서 보존한다.

　여섯째, 메모를 습관화한다. 우리의 기억은 영원하지 않다. 따라서 그냥 기억하기보다는 기록해두도록 한다. 지하철 내에서 독서할 때, 잠자리에 들었을 때 등 때와 장소를 가리지 말고 아이디어, 힌트, 문제점, 약속사항 등이 생각나면 즉시 무엇이든지 기록해둔다. 항상 메모지, 수첩, 필기구를 휴대하여 메모를 습관화한다.

금융 전문가가 되어야 한다

나는 주식시장에서 돈을 벌려고 애쓰지 않는다.
주식시장이 바로 다음날 문을 닫고 5년 동안 문을 열지 않을지도 모른다는 가정 하에 주식을 산다.
- 워렌 버핏

2006년 1월, 재경부가 자본시장 통합법을 예고하면서 증권, 선물, 자산운용 등 업무 영역 간 차단벽이 사라졌다. 이로 인해 이제는 각 금융기관에서 이와 관련된 모든 업무를 처리할 수 있게 된 상황이며, 금융상품 허용 기준이 현재 열거주의에서 포괄주의로 전환되어 각종 금융상품이 쏟아질 전망이다.

여기서 미국의 메릴린치의 사례를 보자. 메릴린치가 세계 최대의 소매영업 금융기관이 될 수 있었던 바탕은 무엇일까?

그들은 바로 '고객 중심 영업 체계'라는 새로운 금융 흐름을 읽어냈기 때문이다.

메릴린치는 1987년, 주가폭락사태인 '블랙먼데이'가 터져 개인고객들이 크게 감소하는 어려움을 겪으면서도 "천천히 부자를 만들어 드립니다(Get Rich Slowly)."라는 캐치프레이즈를 내세워 장기가치

투자, 종합자산관리체제를 구축하여 이에 집중적인 영업활동을 전개했고, 그 결과 펀드 판매수수료는 50%가 줄었지만 예탁잔고는 150%나 늘어나 세계 최대 증권회사의 면모를 갖추게 되었다.

그렇다면 우리나라의 상황을 보자. 통계에 의하면 우리나라는 개인 자산의 83%가 부동산의 형태다. 그렇다면 과연 부동산이 국민들의 노후생활을 보장하여 줄 수 있는 대안이 될 수 있을까?

예를 들어 부동산 중심의 사고로 자신이 살고 있는 주택을 담보로 매월 일정금액을 지급받는다고 치자. 만일 부동산 가격이 떨어지면 "부동산 가격하락 + 이자 + 부동산관련 각종 세금 + 부동산 관리비용" 등 많은 비용을 부담하게 될 것이다. 반면 보유주택을 매도하여 금융상품에 저축할 경우 부동산 가격하락에 대한 위험이나 세금, 관리비용을 부담하지 않고 매월 이자라는 선물을 얻어갈 수도 있다. 여하튼 최근의 세계적 금융 상황은 부동산만으로는 과거 불패의 신화를 재현할 수 없는 쪽으로 흘러가고 있다. 즉 노후생활대책으로 부동산에 올인하는 것은 위험한 일이다. 더욱이 노후에는 소득이 없고 소비만으로 생활하기 때문에 무엇보다 현금유동성이 절대적으로 필요하다. 따라서 현금화하기 어려운 부동산만으로 노후준비를 하겠다는 것은 현명한 자산관리라고 할 수 없으며, 이 같이 급변하는 세계 금융 시장의 변화를 읽는 것 또한 중요한 요건이 되어가고 있다.

미국의 경영학자, 피터 드러커는 《새로운 현실》이라는 책에서 나

비효과를 인용하면서 "금융시장에서는 과거와는 달리 다양한 정보들이 쏟아짐에 따라서 감당할 수 없을 정도로 변화무쌍하게 움직이고 있어 보다 더 위험해지고 있다."고 말한다. 즉 과거에는 모든 투자를 금리전망이나 실물경제 흐름에 바탕을 두고 금융기관 임직원과 상의해서 결정하는 방식이 유행했다. 그러나 최근 다른 나라의 금리인상이나 환율의 변화, 원유가격의 상승이나 하락, 국제 금가격의 등락에도 내가 가지고 있는 금융상품의 수익률에도 절대적인 영향을 미치는 시대가 되었다.

지구촌이라는 단어가 등장했듯이 세계 금융시장이 동시에 움직이는 지금, 미래 예측은 대단히 중요한 요건이 되었으며, 어느 특정인의 예측 능력만 믿을 것이 아니라 스스로 다양한 예측정보를 체계적으로 분석, 평가하는 기능이 필요해졌다.

옛말에 "떨어지는 나뭇잎에서 세상만물의 변화를 알 수 있다."라는 말이 있다. 이처럼 요즘은 정보의 가치가 그 어느 때보다도 필요하며, 특히 금융 시장은 이런 정보가치를 충분히 발휘해야 하는 장이다. 따라서 지금부터라도 정보의 중요성을 인식하고 나름대로 금융 지식 정보 체계를 갖추어나가는 것이 현명할 것이다.

제 **10** 장

행운을 부르는 조언

창조적 발상, 두 배의 인생

나는 언제나 머릿속에 또렷한 장면을 그려보고 나서야 스윙을 합니다.

우선 공을 보내고자 하는 목표지점을 봅니다.

그 다음에 공이 그곳으로 향해 날아가는 광경을 머릿속에서 그려봅니다.

그 다음에 공이 그곳으로 향해 날아가는 광경을 머릿속에서 그려봅니다.

그 다음엔 앞서 본 영상들을 현실로 만들어 주는 바로 그런 스윙을 합니다.

- 잭 니클로스

한 번 사는 삶이지만 우리들은 그 짧은 와중에도 많은 것을 해보고 싶어 한다. 어쩌면 인생이 유한하기 때문에 그런 욕심을 가지는 것인지도 모른다. 우리는 무의식적으로 늘 새로운 일을 추구하는데 이를 연습하는 것이 바로 '창조적 배양'이다.

우리는 누구나 창조성을 배양할 수 있다. 하지만 "매일 그것을 생각하는 시간을 갖는 것"은 사실 쉬운 것 같으면서도 막상 실천해보면 아주 어려운 일이다. 어느 한 유명한 사업가는 이와 관련해 이런 말을 한 적이 있었다.

"나는 내 회사의 비전을 위해 묘안을 짜내는 일을 아주 중요하게 생각한다. 하지만 대개는 바쁜 일에 시달려 아이디어 내는 일을 게을리 하고 만다. 대신 나는 일요일 아침마다 교회에서 예배를 드리고, 그 후 30분 동안은 아무리 중대한 일이 생겨도 그 자리를 움직이지 않고 아이디어를 짜내기로 했다. 그리고 가지고 다니는 수첩 표지에 '묘안수첩' 이라고 크게 쓰고 착상한 아이디어를 거기에 기록했다. 그리고 매일 하찮은 안(案)이나 되풀이되는 안이 잇따라 나오면서 그 묘안 수첩은 금방 꽉 차게 되었다. 그러다가 어느 순간부터 이 묘안수첩이 쌓인 것이 내 키보다 높아지게 되었다. 그리고 나는 이 묘안 수첩 덕분에 오늘날 우리 회사가 이처럼 유명하게 되었다고 생각한다."

사실 아무리 성실하고 부지런한 사람들도 매일 발상을 생각해내는 것은 쉬운 일이 아니다. 따라서 자신을 통제하는 방법을 배우고 발상을 이끌어내는 환경을 만드는 일이 더 중요하다. 예를 들어 화장실에 오래 있게 되면 그곳에서 생각하고, 목욕탕에 들어가면 거기서 생각하고, 지하철 안에서는 잡지 따위를 읽는 대신 깊이 있게 발상하는 것도 좋다. 이처럼 하루일과 중에서 매일 일정한 시간을 내서 그때는 오로지 발상에만 전념하는 것이다. 그리고 이렇게 자신을 통제하다 보면 창조력도 비약적으로 높아진다.

창조력 육성 방법이라는 것은 사실 별다른 것이 아닐지도 모른다. 그저 미안(迷案), 진안(珍案), 우안(愚案)에 관계없이 어떤 생각이든 많이 이끌어내는 사람이 이긴다. 과거 미국의 홈런왕이었던 베이브 루스는 "홈런의 수는 배트를 휘두른 횟수에 비례한다."는 명언을 남겼다. 5천 번 배트를 휘두른 사람보다는 5만 번 휘두른 사람이 홈런을 더 잘 칠 수 있다는 것이다.

아이디어도 이와 똑같다. 좋은 안, 나쁜 안을 구별하는 것이 중요한 것이 아니라 300가지 아이디어를 낸 사람보다는 2천 가지 아이디어를 낸 사람이 히트작을 더 많이 낸다. 따라서 한 가지 문제에 대해 최저 30가지 착상을 낼 수 있는 정도로 평소에 연습해 둘 필요가 있다.

그렇다면 착안 연습은 어떤 메커니즘으로 해야할까?

새로운 발상은 우선 개개인의 마음속에 있는 벽(감정, 문화, 인식 등의 벽)을 없애는 일에서부터 시작된다. 또한 벽을 없애고 나서는 각각의 목적의식을 명확히 해야 한다. 이제까지의 고정관념을 버리고 일단은 여러 개의 착안 항목을 만든다. 그리고 나서는 새로운 발상이 잘된 것인지 아닌지를 알아야 하는데 그때는 다각적인 검토가 절대적으로 필요하다. 경제적인 측면, 기술적 가능성이나 실행 가능성에서 검토하다 보면, 각각에 해당되는 문제점과 수정보완 부분을 발견할 수 있기 때문이다.

일반적인 평가 방법으로 소개할 만한 것은 기술적 가능성, 실행 가능성, 경제성의 3가지가 있다.

예를 들어 그것이 생산 공정과 관련된 일이라면 품질면, 안전면, 납기면, 원가면, 생산면(양적인면) 등 구체적인 평가 항목을 정하는

식이며, 다른 일에서도 이와 비슷한 과정을 거쳐 적용하면 아이디어의 질을 적절히 평가할 수 있다.

당신의 생애를 꿈으로 장식하라

나는 어릴 때, 가난 속에서 자랐다. 겨울이 되면 팔굽이 나오는 헌 옷을 입었고, 발가락이 나오는 헌 구두를 신었다. 그러나 소년 시절의 고생은 용기와 희망과 근면을 배우는 하늘의 은총이었다. 영웅과 위인은 모두 가난 속에 태어났다. 성실 근면하며, 자신의 일에 최선을 다한다는 정신만 있으면, 가난한 집 아이들도 반드시 큰 꿈을 이룰 수 있다. 헛되이 빈고(貧苦)를 슬퍼하고 역경을 맞아 울기만 하지 말고, 미래의 밝은 빛을 향해 노력하며 성공을 쟁취하지 않으면 안 된다.

- 링컨

가나모리 우라꼬의 《참으로 마음이 행복해지는 책》에는 꿈에 대한 이야기가 많이 담겨 있다. 가나모리는 꿈이란 늘 크지 않아도 된다고 말한다. 작아도 멋진 꿈이 얼마든지 있으며 꿈은 많을수록 좋다는 것이다. 만일 내가 너무 많은 꿈 때문에 기뻐하거나 괴로워한다는 것은 어떻게 보면 건강하다는 증거일 수도 있다. 또한 아주 먼 곳의 꿈도 멋지지만, 가까이 있는 꿈도 소중한 것은 매한가지다. 오늘의 꿈, 내일의 꿈, 내년의 꿈…. 이처럼 꿈이 끝없이 거듭되는 삶은 하루하루가 설렘으로 가득 찰 수밖에 없다.

그렇다면 지금 우리는 어떠한 꿈을 꾸고 있는가? 사람들은 왜 꿈이라는 것을 사랑하는 걸까? 아마도 우리는 우리가 꿈꾸는 일을 위해 노력할 때 행복이라는 열매를 얻게 되는 모양이다. 이를테면 어떤 이는 평생 동안 '혁명'이라는 것을 꿈꾼다. 그러나 그처럼 혁명을 꿈꾸는 이들이라도 그 중 어떤 사람들에게 '혁명'이란 세계를 송두리째 바꾸는 것이 아니라, 환경이나 습관의 측적에 의해 결정되었다고 느끼는 일상 속의 자신을 바꾸는 일이다. 세상이라는 곳은 결국 '나'를 근본적으로 변화시키기 전에는 변하지 않기 때문이다.

실로 우리는 항상 꿈이라는 것과 더불어 살아간다. 누군가 궁금하고 알고 싶은 상대를 만났다고 하자. 처음에는 그의 과거를 물으면서 친근감을 높여가지만, 결정적인 어떤 순간에는 그의 꿈을 물어야 할 때가 있다. 그 사람이 가진 꿈이야말로 그 사람의 삶에 방향을 잘 말해주고 있기 때문이다.

어쩌면 이 세상이 가장 두려워하는 사람은 꿈꾸는 사람일지도 모른다. 꿈꾸는 사람의 미래는 꿈꾸지 않는 사람의 미래와 현저하게 다르다. 또한 그 꿈을 소유나 이익과 별개로 이끌어가는 사람은 강한 사람이다. 이 일이 전망이 얼마나 좋은가, 얼마나 많은 부와 명예를 가져다줄 것인가, 하는 얕은 생각이 아닌, 내 인생을 걸어도 좋을 만큼 행복한 일인가에 답할 수 있는 사람이야말로 진정한 꿈을 가진 사람일 것이다.

필자는 오랜 세월 동안 사업을 해오면서 막대한 수익이 가져오는 기쁨은 극히 찰나이며, 그것을 토대로 더 큰 꿈을 꾸는 것이야말로 진정한 목적이라는 사실을 깨달았다. 한 사람의 작은 공장이 기업이 되고 그 기업이 또다시 이 사회를 구성하는 한 바퀴 축이 되는 것을

200

볼 때마다 이 순간의 만족에 취하는 대신 더 '불가능한 꿈'을 향해 도전해야 된다는 것을 깨달았다. 내가 만일 그런 꿈을 가지지 않았다면 아마 나는 두 가지의 대가를 치러야 했을 것이다. 첫째는 삶이 건조하고 고통스러워졌을 때고, 둘째 지금처럼 경제적인 안정을 누리지 못했을 것이다. 나는 지금까지의 경험과 또는 그 경험과는 별개로 움직이는 '꿈에 대한 믿음'을 통해, 장사꾼이 아닌 경영자로 살아가는 것이야말로 내 꿈에 한 발자국 더 가까이 다가가는 일이라는 것을 깨달았다.

지금 이 순간, 생각하고 있는 꿈이 있다면 그것을 내 마지막을 위해 소중하게 간직하라. 혹시나 험한 인생길을 건너다 그만 주머니에서 떨어뜨린 꿈이 있다면 천천히 되짚어 다시 마음에 담아야 할 것이다. 그것이 바로 우리의 일생, 더 나아가 마지막 순간까지 우리를 지탱하게 해줄 강력한 힘이다.

3 chapter

오늘 하루는 자서전의 한 페이지이다

시간은 누구에게나 평등하게 주어진다. 그리고 누구나 날마다 똑같은 시간을 부여받는다. 부자라고 더 많은 시간을 살 수는 없다. 또한 과학자라고 해서 새로운 시간을 만들어낼 수도 없다. 또한 다른 날 쓰기 위해 오늘의 시간을 저축해 놓을 수도 없다.

특히 업무를 추진하는 데 있어 시간은 가장 중요한 요소다. 그 핵심적인 이유로는 다음의 네 가지를 들 수 있다.

첫째는 평등성이다. 시간은 누구를 막론하고 평등하게 부여된다. 둘째는 분할성이다. 누구든지 크게건 작게건 자유로이 자신의 시간을 쪼개서 쓸 수 있다. 셋째는 증식성이다. 시간은 누구를 막론하고 능숙하게 사용하면 그 가치가 몇 배로 증대된다. 마지막 넷째는 가변성이다. 시간은 절대로 되돌릴 수 없다. **따라서 중요하게 사용하지 않으면 안 된다.**

시간 가치를 최대한으로 높이려면 앞서 기술한 네 가지 핵심 요소를 새롭게 인식해 볼 필요가 있다. 이들 네 요소에 대해 좀 더 구체적으로 설명해보기로 하자.

첫 번째 시간의 평등성에 관한 문제다.

인간은 누구를 막론하고 하루 24시간이 평등하게 부여되고 있다. 따라서 시간에서만큼은 매우 공평한 셈이다. 인격, 연령, 성별, 지역에 상관없이 어떠한 신분이라 하더라도 1일 24시간, 그리고 1,440분만은 변함없이 공정하게 주어지는 것이다. 즉 시간만큼 인간에게 공평한 것도 없다. 따라서 시간에는 빈부귀천이 없다. 다만 그것을 사용하는 능력의 차이만이 있을 뿐이다.

다음으로는 시간의 분할성이다.

예를 들면, 훌륭한 기계가 있다고 치자. 그러나 이처럼 좋은 기계도 조각조각 분해하면 완성품으로서의 가치가 없어진다. 그러나 시간은 다르다. 시간은 임의대로 얼마든지 쪼개서 쓸 수 있으며 쪼갰다고 해서 그 가치가 떨어지는 것도 아니다. 즉 분해하게 되면 단편적인 것이 되어버리는 정보나 기계, 또는 그 가치가 떨어지는 금전 등과는 달리 시간은 아무리 분할해도 그 빛을 잃지 않는 드문 것이다.

셋째는 시간의 증식성에 관한 문제이다.

만일 우리가 시간을 활용하는 것에 능숙해지기만 하면, 시간은 본래의 것보다 더 큰 가치를 안겨 준다. 예를 들어 누구나 살다가 한 번쯤, 한순간에 '영원의 즐거움과 환희'를 맛본 경험이 있을 것이다. 도저히 놓치고 싶지 않은 그야말로 달콤한 순간의 기억이다.

이처럼 시간은 어느 순간 무한정으로 확대되거나 평생처럼 느껴질 만한 무게감을 가진다. 이것이야말로 시간이 돈, 물건, 정보와는 왜 다른가를 보여준다. 즉 시간은 흘러서 사라지는 것이되 때로는 설명할 수 없는 영원성을 가진다. 예를 들어 돈을 들여 얻게 되는 즐거움은 때가 지나면 사라진다. 또한 물건과 정보의 경우도 사용할 때의 즐거움 역시 순간적이다. 그러나 시간은 잘 사용하면 할수록 이를 아무리 반복해도 좋은 성과를 얻을 수 있다.

마지막인 넷째는 시간의 가변성에 대한 문제다.

이것은 시간만이 가지는 장점이자 단점이라고 할 수 있다. 이를테면 '돈은 돌고 돈다.'라는 이야기가 있다. 하지만 시간은 결코 되돌릴 수가 없다. 그리고 시간이 귀중한 것도 이처럼 절대 되돌아오지 않는 것이기 때문이다. 따라서 시간의 가변성 문제는 자연스럽게 시간 관리의 중요성으로 이어진다. 하지만 이 시간 관리에도 질적인 차이가 있다. 즉 자신의 가치관을 확실하게 하고 일의 순서를 정해서 자신에게 중요하다고 생각되는 것에 많은 시간을 분배하는 일이 이루어지지 않으면 시간 관리도 아무 소용이 없다. 즉 자신의 가치관을 제대로 파악하지 못하고는 시간의 분배도 제대로 해낼 수 없다는 뜻이다.

따라서 효율적인 시간 관리를 하려면 항상 '무엇을 위해, 왜'라고 자문하는 일부터 시작해야 한다. 아무리 시간 관리 기술이 향상되었다고 한들, 그 자신에게 별 의미 없는 일만 잘 처리되고 있다는 느낌을 가진다면 시간 관리의 의미도 퇴색한다. 아니 오히려 욕구불만, 소외감, 불안감만 계속 쌓일 뿐이다.

이야기를 거꾸로 돌려, 시간 관리에서 가장 중요한 것은 바로 이 네 번째 가변성의 문제에 숨어 있다. 시간을 가장 가치 있고 귀중하게 쓰는 것은, 지금 내가 하는 일이 '무엇을 위해서인가'라는 것을 알아두는 것에서 시작한다. 그렇다면 지금부터 질문해보자. 당신의 인생에서 가장 중요한 것은 무엇인가?

만일 당신이 늘 기분 좋고 충만한 자신감을 가지고 있다면 아마 내게 중요하고 가치 있는 일에 시간을 쓰고 있다는 증거일 것이다. 반대로 스트레스와 불안, 긴장과 욕구 불만, 그리고 일에 파묻혀 버릴 것만 같은 기분을 느낀다면, 그것은 지금 하고 있는 일과 자신의 가치관이 어긋나기 때문에 발생하는 경우가 많으므로 다시 한 번 자신의 삶과 목표를 점검해볼 필요가 있다. 혹시 내가 스스로 중요하다고 여겨지지 않는 일에 쫓기고 있지는 않은가 되짚어보는 것이다.

실제로 우리는 스스로 즐거워하는 일을 하고 있을 때는 마음속에 갈등이나 불만이 잘 생기지 않는다. 그 일이 자신의 가치관과 일치해 자존심을 지켜주고 있기 때문이다. 즉 행복이라는 것을 원한다면, 내 가치관이나 자존심은 어떤 일에서 비롯되는가, 또한 그것을 추구하려면 어떻게 시간 관리를 해야 하는가를 알아야 한다. 다시 말해 적절한 시간 관리는 행복한 인간이 되기 위한 하나의 중요한 요소라고 할 수 있다.

당신만의 삶을 살아라

잠시라도 좋으니 거리에 앉아 지나가는 사람을 지켜보자. 모두들 똑같이 두 개의 눈과 하나의 코와 입, 두 다리, 두 팔을 가졌을 것이다. 그러나 조금만 더 주의 깊게 살펴보면 처음 보기에는 같아 보여도 사실은 사람마다 생김새도 다르고, 그 걸음걸이 또한 제각각이라는 점을 알게 될 것이다. 그리고 그 생김새와 표정, 걸음걸이에서 그 사람의 성격 등도 어느 정도는 읽을 수 있을 것이다. 즉 우리는 이처럼 같은 인간이라 해도 생김이 다르고 걸음걸이가 다르고, 성격이나 가치관에서도 제각각의 고유한 향기를 가지고 있다. 그것은 누구도 따라할 수 없는 지문과 비슷한데, 그런 자신만의 향기를 지닌 이들에게는 자연스럽게 좋은 관계들이 생겨나고, 그것이 결과적으로 성공으로 향한 발판이 되기도 한다.

그렇다면 그런 '자기만의 향기'는 어디에서 비롯되는 것일까?

옛 어른들은 "천성은 못 버린다."는 말씀을 종종 하신다. 대개는 그저 태어난 대로, 생긴 대로 산다는 말이다. 그러나 나는 그 반대의 생각을 가지고 있다. 즉 천성 역시 하나의 습관인 만큼, 노력을 통해 얼마든지 변화할 수 있다는 것이 나의 믿음이다. 예를 들어 아무리 훌륭한 품성을 타고난 사람도 도둑 소굴에서 자라나면 도둑질밖에 배울 것이 없다. 그러나 천성은 그다지 훌륭하지 못하더라도 자신의 삶을 보다 나은 것으로 꾸려가려고 노력하는 사람은 분명히 그에 걸맞은 삶을 살아가게 된다. 그리고 그런 노력들은 오랜 세월 동안 축적되어 그 사람만의 특별한 향기를 뿜어내게 된다. 우리가 현인이라고 불렀던 많은 이들도 삶 전체를 통해 자신을 가꾸기 위해 부단히 노력해온 사람들이 아닐까.

그러나 이 같은 자신만의 향기는 쉽게 얻어지는 것이 아니다. 이역시 자기를 단련시키는 일인 만큼 꾸준한 습관과 노력을 요구한다. 게다가 때로 타인의 훈수나 지청구에도 귀를 닫을 줄 아는 단단한 용기, 주어진 환경에 만족하는 대신 더 나은 환경을 스스로 창조하는 결단과 창조력도 필요하다. 결국 '나답게 산다는 것', '자신만의 것을 가진다는 일'은 어느 단시간에 해결되는 문제가 아니라 인생 전체를 통틀어 꾸준히 이뤄가야 할 목표인 셈이다.

실제로 어떤 이들은 자신만의 향기를 위해 많은 부분에서 노력을 쏟아 붓는다. 예를 들어 자신의 지위와 성격을 드러내 보일 수 있는

옷차림, 말투, 취미 등을 고수한다. 물론 이 역시 직접적으로 그 사람의 일면을 드러내 보인다는 점에서 중요하다. 그러나 그 같은 외적으로 드러나는 우리 고유의 향기 이전에, 더 중요한 것이 하나 있다. 그것은 바로 삶에 대한 그 사람의 태도와 가치관이다.

예를 들어 최근 우리는 성공이나 삶의 완성에 대해 지나치게 단선적인 모델을 가진다. 이를테면 성공이란 몇 평의 집에 몇 대의 차를 가져야 하며, 자식들은 어떻게 키우고 어떤 취미를 가져야 한다는 식이다. 물론 우리 인간들은 기본적으로 사회적인 동물이며 사회 안에서 사는 만큼 이런 기준들에서 한없이 자유로울 수만은 없다. 또한 인간인 이상 이런 것들을 추구하고 자연스럽게 따라가고 싶어 한다.

하지만 그 이전에 먼저, 이런 성공 모델들이 오히려 내 삶에 부정적인 영향을 미치고 있거나, 내 진정한 욕구를 가로막고 있는 것은 아닌지 쯤은 한 번쯤 생각해볼 필요가 있다. 즉 그것이 나 자신의 것이 아닌, 이 사회에서 정해준 기준은 아닌지 돌이켜보아야 한다는 뜻이다.

예를 들어 50평 아파트에 성공의 기준을 둔 사람이 있다고 치자. 그는 30평 아파트에 오붓하게 살면서 자기만의 취미를 가지고 만족과 행복을 꾸려가는 사람을 이해하지 못할 수 있다. 아마 그것은 그 사람이 욕심이 많아서라기보다는 세상이 정해준 기준이 그러해서일 가능성이 더 높다. 그리고 나 역시 귀밑머리가 희끗해진 지금도 가끔

"이것이 내가 진정 원했던 길일까? 내 삶의 향기는 어떤 빛깔일까?"를 되물어본다. 그럴 때면 내가 아는 지인의 한마디가 떠오른다.

"요즘 젊은 사람들을 보면서 부럽기도 하고 안쓰럽기도 해. 대개는 자신이 진정 뭘 원하는지, 자신의 삶이 본래는 어떤 것을 추구하고 있는지는 외면하고 먹고 사는 문제에만 매달리지. 글쎄… 나도 그렇게 잘 살아온 삶은 아닐지도 모르겠네. 그러나 사람은 결국 자신이 하고 싶은 걸 해야 행복할 수 있다네. 요즘 들어 그런 생각이 들어. 내가 다시 20대, 30대로 돌아간다면 뭘 할까 하고 말이야. 그리고 아마 나는 여행을 떠나거나 혼자 틀어박혀서는, 모든 사회적 관계를 떠난 오롯이 나 자신만을 생각하는 시간을 가져볼 것이라네. 누구의 자식, 누구의 상사나 부하, 누구의 남편이나 아내인지를 떠나서, 진정 내가 뭘 원하는지, 내가 바라는 삶은 진정 무엇인지를 오랫동안 아주 깊이 생각해보고 싶어. 그 다음 것은 그걸 하고 나서 해도 늦지 않는다네."

5 chapter 우리는 나이 들수록 강해진다

지혜로운 이가 하는 일은 쌀로 밥을 짓는 것과 같고,
어리석은 자가 하는 일은 모래로 밥을 짓는 것과 같다.
수레의 두 바퀴처럼 행동과 지혜가 갖추어지면
새의 두 날개처럼 나에게 이롭고 남도 돕게 된다.
- 원효

어린 시절의 기억이다. 저녁 시간이 되면 어머니는 늘 뜨거운 솥에 국이나 밥을 끓이셨다. 그리고 김이 무럭무럭 나는 뜨거운 그릇을 겁 없이 집어 밥상 위에 놓아주셨다. 나와 형제들은 손끝만 데도 데어버릴 것 같던 그 그릇들을 말이다. 그리고 나는 어머니의 그 모습을 보고, '엄마는 손이 두꺼워서 뜨거운 걸 잡아도 안 뜨거우신가 보다.' 라고 생각하곤 했다.

그리고 지금은 나도 그때의 어머니와 다름없이 그 뜨거운 그릇들을 잘도 집고, 매운 음식도 서슴없이 먹고, 사는 일에서도 웬만한 일로는 꿈쩍도 않게 되었다.

흔하게 우리 인생은 등가교환이라고 말한다. 등가교환이란 말 그대로 하나를 얻으면 하나는 잃는다는 뜻이다. 이를테면 나이가 들수록 순수함도 잃고 뻔뻔해진다고 말하지만, 사실 그것도 그다지 나쁘지만은 않다. 어느 정도 나이가 들면 국그릇 정도로 뜨거워서는 손을 데지 않는다는 사실을 터득하듯이, 우리는 살면서 오랜 경험 속에서 많은 상처를 입고, 나아가 같은 문제가 닥쳤을 때 어떻게 해결해야 할지를 자연스럽게 깨닫게 된다. 이것이야말로 바로 바로 세월이 준 선물이라고 할 수 잇을 것이다.

실제로 나는 나이가 들어간다는 것을 그다지 슬퍼하지 않는다. 젊음이라는 것이 어쩔 수 없이 미숙함이라는 것을 안겨주었다면, 늙음은 현명함과 인내를 주지 않는가. 그리고 이 둘 중에 하나를 택하라면 나는 주저 없이 후자를 택할 것이다. 즉 세월의 흐름과 늙음도 그 자체가 중요한 것이 아니라 어떻게 받아들이는가 하는 태도의 문제인 셈이다.

실제로 주변을 둘러보면 이른바 '늙으막'에 새로이 시작하려는 사람들을 자주 보게 된다. 대개는 직장 생활을 하다가, 또는 다른 사업을 하다가 실패하고 다시 일어서려는 이들이다. 그런 이들은 대부분 처음에는 이런 저런 걱정에 휩싸여 이렇게 말한다.

"이제 와서 내가 무얼 다시 시작할 수 있겠습니까? 자신이 없군요."

그러나 그랬던 이들도 막상 작고 큰 성과를 이뤄내다 보면 놀라울 만큼 크게 변화한다. 자신을 가로막았던 나이의 벽이 사실은 스스로가 만들어낸 허상에 불과하다는 것을 깨닫게 되기 때문이다. 아니,

오히려 나이가 들었기에 더 많은 성과를 얻는 경우도 있다. 그런 이들은 지난한 세월 속에서 쌓아올린 내공을 잘 발휘한 경우다. 그들에게는 젊은 사람에게는 없는 인맥과 현명함이 있고, 웬만한 고통은 충분히 참아낼 수 있는 인내력도 있다.

즉 그들은 세월의 방패를 가지고 있는 셈이다. 그러니 육체의 노쇠를 마냥 슬퍼할 일도 없으며, 그와는 또 다른 새로이 얻는 것들도 차츰 생겨나니 오히려 기뻐할 일일 수도 있다. 그뿐만이 아니다. 사람은 몸이 늙어서 늙는 것이 아니라 했다. 세상에 대한 호기심과 열정이 사라지면서 우리는 늙어간다. 다시 말해 세월 속에서 얻어낸 새로운 보석들을 또다른 호기심과 열정으로 어떻게 훌륭한 작품을 만들어낼 것인가도, 반드시 나이가 들어서만이 할 수 있는 일이다.

인생이란 결코 수평적으로 흘러가는 것이 아니다. 젊음에도 유년기, 사춘기, 청년기처럼 여러 분기가 있듯이 늙음에도 마찬가지로 여러 단계가 존재한다. 또한 그 단계마다 어떤 행동을 어떤 원칙 속에서 해왔는가가 결국 그 사람의 삶의 질을 결정한다. 단순히 숫자에 불과한 나이가 아니라, 내가 내 삶의 어느 분기에 도달했는지를 아는 것은 그래서 중요하다. 또한 나이가 든다는 것은 잃는 만큼 얻는 것이 있으며, 그것이 본질적으로 인간을 더 강하게 만들어준다.

세상도 어떻게 보면 뜨거운 그릇과 같다. 그것을 집어들 수 있는

판단력과 용기, 그리고 어느 정도 뜨거움은 이겨낼 수 있는 인내도
결국에는 '나이 듦'에서 나온다는 사실을 잊지 말자.

실패 또한 인생이 준 선물이다

〈포레스트 검프〉라는 영화를 보면, 주인공 포레스트가 벤치에 앉아 초콜릿 상자를 꺼내드는 장면이 나온다. 그리고 이런 말이 흘러나온다.

"인생은 초콜릿 상자와 같다. 막상 집어보기 전에는 내가 이 많은 초콜릿들 중에 어느 것을 집어 들게 될지 알 수 없다."

이 영화의 주인공 포레스트 검프는 남들보다 모자란 지능을 가지고 위대한 일을 이뤄낸 사람이다. 그는 모자라기 때문에 누군가를 진심을 다해 사랑할 수 있었고, 총알이 빗발치는 전쟁터에도 나갈 수 있었으며, 사랑을 얻기 위해 미국 전역을 달리는 마라톤에도 도전할 수 있었다. 결국 그는 모자랐기 때문에 두려움이 없었고, 거만하게 세상을 판단하지 않았으며, 자신에게 주어진 길을 묵묵히 걸어갈 수 있었는지도 모른다.

어린 시절 나는 누구나 한번쯤 그랬듯이 내게 미래를 내다볼 수 있는 초능력이 있으면 얼마나 좋을까, 생각하곤 했다. 앞으로 일어날 일들을 알 수 있으니 고통스러울 일도 없고, 사람들에게 인정받으면서 부와 명예를 얻게 될 것이니 얼마나 행복할 것인가 생각했다.

그리고 어린 시절을 지나 어른이 되어 어려운 일에 닥쳤을 때도, 그 비슷한 꿈을 꾸었다. "만일 이런 일이 벌어질 줄을 미리 알았더라면 이렇게 힘들지 않아도 됐을 텐데…"라고 말이다.

하지만, 나이가 들고 안타깝게도 그런 초능력이 없었던 탓에 여러 일들을 겪고 난 뒤에는 생각이 달라졌다. 수많은 실패를 겪고 어려움을 겪었지만, 그러면서 그것이 우리가 어째서 좋은 싫든 주어진 인생을 살아야 하며, 그 안에서 과연 어떤 의미를 얻고 있는가, 결국 그 최종의 목적은 무엇인가라는 철학적인 물음을 하도록 만들어 주었기 때문이다. 결국 훌륭한 인생을 살아가는 데 필요한 것은 미래를 내다보는 예지력이 아니라, 그 어려움에 대처하는 자세와 방법이다.

우리는 마치 초콜릿 상자 안의 초콜릿들처럼 인생의 여러 갈래 길에서 고민하고 그 중에 하나를 선택한다. 의식적으로 무의식적으로 이 일을 알게 평생 하면서 살아간다. 그 선택의 대가가 어떨지는 사실 추측이라는 뿌연 안개 속에 가려져 있다. 나머지는 가봐야 아는 것들이다. 그리고 그렇기에 우리 삶에는 성공뿐만 아니라 군데군데 실패 또한 놓여 있다. 게다가 이 실패들은 단순히 한 가지 형태로 나타나는지 않는다. 실패는 삶 전반에서 여러 크고 작은 형태로 나타난다. 어떤 이는 부유하고 좋은 직장을 가지고 있는데 결혼에서 실패하는 경우도 있을 수 있고, 어떤 이는 사업을 하다가 전 재산을 잃었으나 가족의 사랑으로 하루하루를 이어갈 수도 있다. 또 어떤 이는 늘 똑똑하다고 칭찬을 듣고 자랐는데, 결국 직장 생활은 그 공부만큼 잘하지 못할 수도 있다.

여기서 우리는 한 가지 사실을 발견할 수 있다. 즉 세상에 완벽하게 모든 것을 가진 인간은 없다는 사실이다.

즉, 실패를 극복하는 일 또한 이처럼 인간의 모습을 겸허하게 인정하는 데서 시작한다. 실제로 실패를 이겨내지 못하는 사람들 중에는 삶이 완벽해야 한다는 강박증을 가진 사람들이 많다. 그들은 인생이란 근본적으로 우연한 일들에 의해 흔들릴 수 있고, 우리가 택하는 길이 반드시 옳은 길만은 아니라는 사실을 인정하지 못한다. 그래서 자신의 실패를 더 크게 느끼고 그것으로 인해 깊은 좌절감을 맛본다.

그러나 앞에서도 이야기했지만 수평적인 삶, 모든 것을 예견할 수 있는 삶은, 어쩌면 우리가 걸어가기에는 너무 재미없는 길일 수 있다. 우리는 얼마든지 넘어지고 또다시 일어설 수 있다. 우리의 능력은 우리가 생각하는 만큼 위대하지 않을 수도 있다. 따라서 우리가 할 수 있는 일이란 포레스트 검프처럼 자신이 원하는 길을 묵묵히, 때로는 무모하게 걸어가는 일뿐일지도 모른다.

이 책은 실패한 사람들에게 보내는 메시지이지만, 무엇보다도 실패를 두려워하는 이들을 위해 쓰여졌다. 삶 전체에서, 아니면 사업에서, 또는 조직과 가정에서 우리를 가로막는 크고 작은 실패를 극복하고 이를 삶의 타산지석으로 받아 안는 겸손함을 이야기를 하고 싶었다. 그러나 어쩌면 실패를 극복하는 일에는 법칙이나 원칙이 존재하지 않을지도 모른다. 사람마다 실패라는 것에 대한 기준과 극복하는 방법은 제각각 다르기 때문이다.

그러나 여기서 나는 딱 한 가지만큼은 자신 있게 이야기하려 한다. 실패를 인생의 과정으로 받아들이지 않는 한 그에 대한 두려움은 결코 사라지지 않을 것이라는 점이다. 또한 실패 또한 인생이 건네 준 소중한 선물이라는 사실을 말이다.

"세상에서 가장 쉬운 일은 힘들 때 포기하는 것이다.

그러나 세상에서 가장 어려운 일은

힘들 때 포기하지 않는 것이다."

포기하지 않고 **불가능성**을 움켜잡는 자신만만 **파워 승부사**

실패를 핑계로 도전을 멈추지 마라

1판 2쇄 발행 · 2008년 05월 20일
지은이 · 이병현
발행인 · 이용길
발행처 · 개미와 베짱이
총괄기획 · 정윤상　**편집위원** · 최성배　**홍보** · 안희섭
영업 · 권계식　**관리** · 윤재현　**본문 디자인** · 이룸

출판등록번호 · 제 396-2004-000095호
등록일자 · 2004. 11. 9
등록된 곳 · 경기도 고양시 일산구 백석동 1332-1 레이크하임 404호
대표 전화 · 0505-627-9784　**팩스** · 031-902-5236

ISBN 978-89-92509-13-8　03320

· 좋은 책은 좋은 독자가 만듭니다.
· 독자 여러분의 의견에 항상 귀를 기울이고 있습니다.
　www.moabooks.com
· 저자와의 협의 하에 인지를 붙이지 않습니다.
· 잘못 만들어진 책은 구입하신 서점이나 본사로 연락하시면 교환해 드립니다.